鹿児島市の歴史入門

麓　純雄
Fumoto Sumio

南方新社

カバーイラスト　椁　陽子

はじめに

鹿児島市（郡）は、「旧族居付」の大名である島津氏の長年にわたる城下町であったり、明治以降は南九州地方の中心都市であったりする歴史があります。また、6回にわたる合併・編入を通して、鹿児島市の区域も随分と変わりました。大大名の城下町や県庁所在地ということから、鹿児島市（郡）の変容は、国や県の動きとも関連があります。

鹿児島市の歴史等を総合的にまとめた大著として『鹿児島市史Ⅰ～Ⅴ』や『鹿児島のおいたち』等がありますが、気軽に鹿児島市の特徴を把握するというわけにはいきません。

鹿児島市の小学校長という私の立場からすれば、鹿児島市の特徴をより浮き彫りにするという視点からの、もっと手軽な参考資料も必要と思っていました。視点の1つとして「教育」を取り上げました。Ⅱ部では、「鹿児島市の学校教育の歴史」として、学校の設置年月日や場所、児童・生徒数等を詳述する中で、学校教育の歴史はもちろんのこと、鹿児島市の発展の流れを教育施設からとらえられるようにもしました。鹿児島市の子どもたちに、郷土に愛着と誇りを持ってほしい、地域の一員としての自覚を持ってほしい、自分の学校に誇りを持ってほしい、という気持ちもあります。そのためには、まず「知る」ことが大事です。

作成上の基本方針としては、人物名があります。近世以前については、いわゆる歴史上の人物として多く記述していますが、明治以降については、意図的にふれたい人物や記述上どうしても必要な人物に限定しています。また、施設建設や事業等について、個人の寄付や努力によるものも多いですが、個人名は出していません。鹿児島市の発展には数多くの人物が関与していますが、御了承いただきたいと思います。

明治以降の鹿児島市の様子については、特に鹿児島市役所の関係担当者の皆様にお世話になりました。感謝申し上げます。

鹿児島市役所　総務課　広報課　企画調整課　都市計画課　土地利用調整課

鹿児島市教育委員会　学務課　学校教育課　文化財課

電話での問い合わせや資料提供、細かい説明等、親切丁寧に対応していただきました。その他、個別に電話等で確認した事項も多く、関係の皆様に感謝申し上げます。

写真等の資料については、市役所をはじめ、多くの皆様に御理解・御協力をいただきましたが、次のように分類してあります。

【　】……『鹿児島市史』『鹿児島のおいたち』『鹿児島市戦災復興誌』「かごしま市民のひろば」等、鹿児島市役所が中心となって編さん・発行した本

《　》……参考文献であげた公共機関作成等の本

（括弧がついていないものは、筆者が撮影したものです）

最後に、本書が郷土教育資料の一つとして、また、鹿児島市についてもっと知りたいという多くの方々にとって、何らかの参考になれば大変有難いことだと思います。

鹿児島市立西谷山小学校
校長　麓　純雄

鹿児島市の歴史入門——もくじ

はじめに　3

Ⅰ部　鹿児島市の歴史

Ⅱ部　鹿児島市の学校の歴史

Ⅰ部　鹿児島市の歴史

第1章　鹿児島市の誕生と広がり

「鹿児島市」と言われたら、どんな風景を思い浮かべますか？

一般的には、城山の展望台から、市街地・錦江湾そして桜島を眺めている風景かも知れませんね。でも人によっては、桜島の形が違ったり、桜島から市街地を眺めていたり、高台の住宅地や海岸の埋め立て地なのかも知れません。

「鹿児島市」と言っても、随分広いのです。同じ鹿児島市でも、いろいろな地域があります。平成28年現在で、人口は約60万人を超え、面積は547・21㎢です。

「鹿児島市」という「市」が誕生したのは、明治22（1889）年のことです。前年の4月に、市制、町村制が公布されていました。今から約130年前です。

城山からの桜島

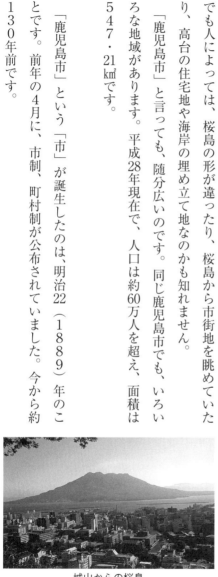

約１３０年前の鹿児島市と、現在の鹿児島市が同じ広さだった訳ではありません。１３０年の間に、６回にわたる合併・編入を繰り返し、その都度広くなりました。市役所でいうと、本庁（一般に市役所と言っている所）の他に、谷山・伊敷・東桜島・吉野・吉田・桜島・喜入・松元・郡山の９支所がありますが、この支所の存在がおおよそ鹿児島市の広がりと関連します。

明治22年の市制施行地は、人口２５０００人以上を基準とし、それ以下の地でも商業の繁盛によって、将来発展の見通しのある地域も認められました。全国で35市（九州では、福岡・久留米・佐賀・熊本・長崎・鹿児島の６市）であり、数カ月遅れて7市が誕生しました。

それでは、順に鹿児島市の広がりを見てみましょう。

① 市制施行時

前述したように、約130年前の明治22年に鹿児島市が誕生しました。

それ以前は、現在の市役所本庁の管轄部分及びその周辺は、鹿児島郡と呼ばれていました。鹿児島郡の一部である47町3村を分離して、鹿児島市としたのです。

当時の市の面積は14・03㎢、市の人口は、1万2569戸、5万7822人で、九州第一の都市でした。甲突川と稲荷川及び城山に囲まれた地域に、多くの人口が集まっていました。現在の市の面積は547・21㎢ですので、わずか約2・6％（約40分の1）にすぎません。人口も現在を60万人とすると、約9・6％です。

下の地図では、黒い部分が市制施行時です。1～4の数字は第1次編入から第4次編入に対応しています。

② 第1次編入（明治44年）

編入地域は、伊敷村の一部（後の草牟田町）と西武田村の一部（後の武町）で、面積は15・91㎢、人口は7万3085人、人口密度は4594人になりました。

この時、西武田村及び荒田村の飛び地であった天保山

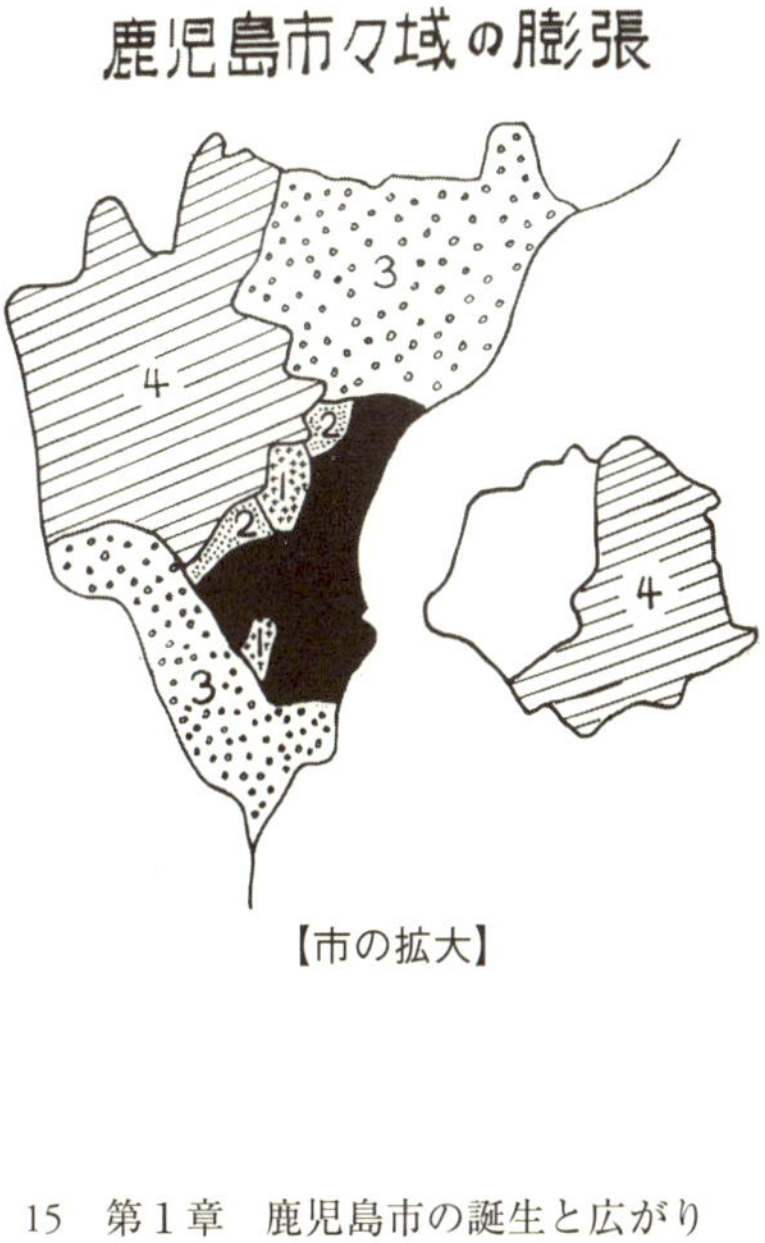

【市の拡大】

及びその周辺も編入されました。

③　第2次編入（大正9年）

編入地域は、伊敷村の一部（玉里・永吉・原良町　この3町に命名されたのは同14年です）で、面積は16・73㎢、人口は10万2396人、人口密度は6061人になりました。

④　第3次編入（昭和9年）

編入地域は、中郡宇村（後の鴨池・郡元・宇宿町）、西武田村（後の西別府・田上町）、吉野村（後の吉野・川上・岡之原・坂元町）で、面積は78・25㎢（これまでの約4・7倍）、人口は17万6900人、人口密度は2261人になりました。

⑤　第4次編入（昭和25年）

編入は、伊敷村と東桜島村です。面積は181・54㎢（これまでの約2・3倍）、人口は22万9462人、人口密度は1264人になりました。

⑥　谷山市と合併（昭和42年）

旧鹿児島市の人口は約34万1000

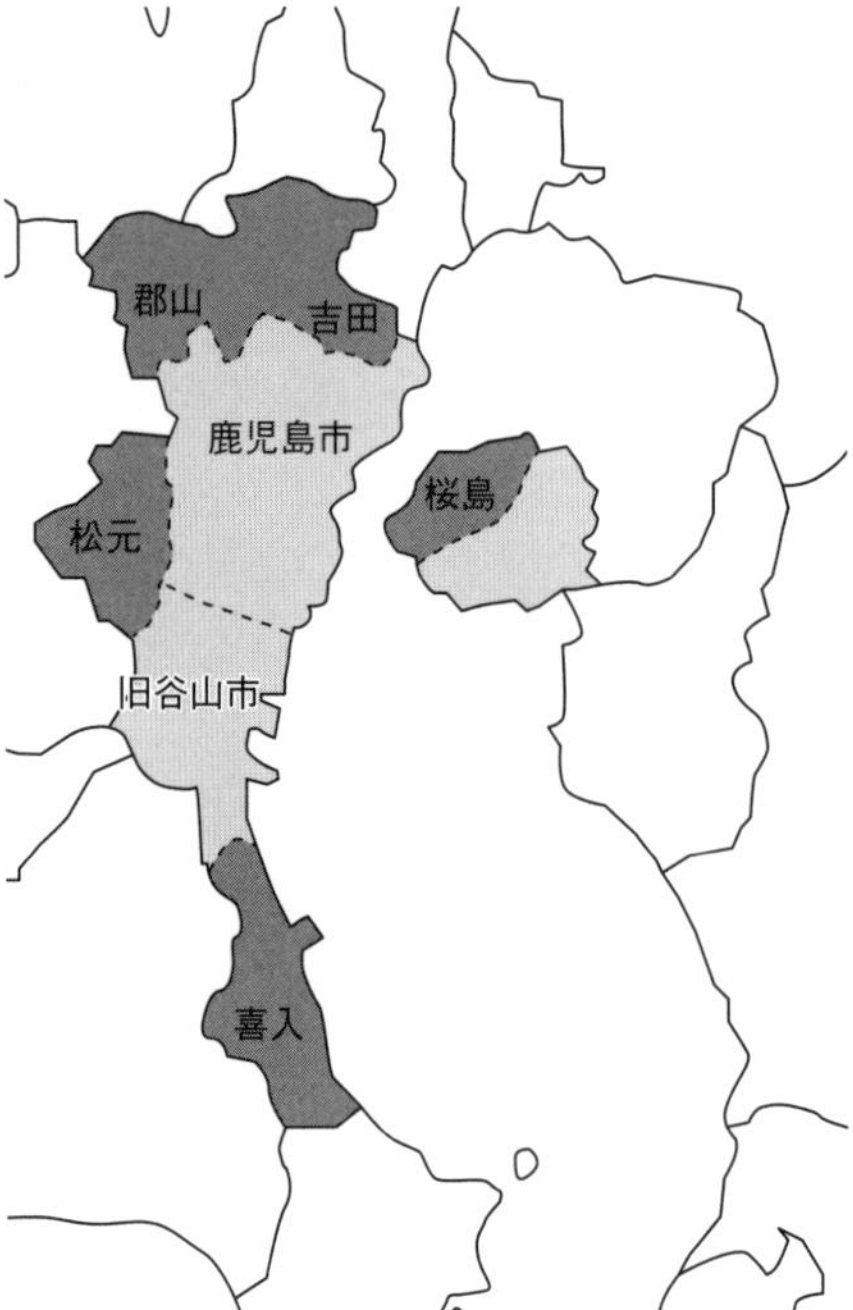

人、旧谷山市は約4万4000人で、合計約38万5000人。面積は約279㎢になりました。

⑦　周辺5町と合併（平成16年）

周辺5町とは、吉田・桜島・喜入・松元・郡山町の5町です。人口は60万人を超え（県全体の34・3％）、面積は合併前の約1・9倍の約547㎢に広がりました。

「鹿児島市」が誕生してから、約130年になりますが、6回にわたる編入・合併を通して、その面積が約40倍にもなっていることも、鹿児島市の特徴の1つです。

第2章から、鹿児島市のことを時代ごとに調べていきますが、約130年前以前は「鹿児島市」はありません。その前の1000年ぐらい（8世紀の奈良時代ぐらいから）は、おおよそ鹿児島郡と呼ばれていました。但し、時代によって、鹿児島郡の広さは異なります。鹿児島市の広さが異なるのと同じです。奈良時代以前は、具体的な地名もありません。

そこで、奈良時代以前については、遺跡が中心になりますが、現在の鹿児島市近辺とし、奈良時代～約130年前は、その時代のおおよその鹿児島郡を、この約130年については、その時の鹿児島市を対象地域として、調べていきます。したがって、具体的に調べる対象地域としては、①の市制施行時が最も狭く、おおまかには⑦の現在の鹿児島市が最も広くなります。

第2章　縄文時代～古墳時代

旧石器時代（1万2000年ぐらい前まで）や縄文時代草創期（1万2000年ぐらい前～9000年ぐらい前）は、現在に比べて気温が低く海水が凍るため、海面が低い時代でした（現代は、温暖化による海面上昇が、世界的な環境問題になっていますね）。2万年前は今よりも150mも低く、縄文時代草創期も100m低いのです。その後、温暖化により海面が上がり続け（「縄文海進」といいます）、6000年ぐらい前には、現在と同じようになっています。

さらに海面は上がり、縄文時代前・中期から弥生時代の4000年ほど前～2000年ほど前は、海面が今より2～4mも高く、今の市街地付近はほとんど海だったといわれています。

縄文時代、北部から西部へかけて、吉野台地をはじめ城山・武岡・紫原などの低くて平らなシラス台地が続き、その末端は急な崖となって鹿児島湾につながっていました。これらの台地を稲荷川・甲突川・新川・永田川・和田川などが流れ、下流に平野をつくっていました。この時代の遺跡は、台地の縁辺部に多く分布していました。シラス層は水を通しやすく、乏水地域となるため、湧水地域は台地縁辺部に偏っていたためです。

弥生時代、前期に遺跡は少なく、定着したのは中期後半以降と考えられます。後期になると、遺跡数も増加し、平地から山地へと広がり、水田耕作以外に畑作も加わりました。文化の流入経路は沿岸づたいの海上交通路と考えられますが、あまりめぐまれた自然条件とはいえません。

この頃の現在の平地部分はほとんど海です。ほぼ城山・原良・武岡・紫原等の台地に沿って海岸線が続いていました。上之園付近が小島になっていました。

古墳時代には、中央から遠いという地理的条件もあって、古墳文化は南九州へは4～6世紀頃に波及してきました。薩摩半島西岸沿いルートと大隅半島東岸沿いルートになりますが、大隅半島と北薩地方が中心です。土師器と須恵器という土器がわずかに出土するぐらいです。

以下は旧石器時代から古墳時代にかけての主な遺跡です（『県史46　鹿児島県の歴史』の遺跡分布図〈13ページと24ページ〉による）。

仁田尾遺跡（旧石器時代から縄文時代への移行期　石谷町）では、ナイフ形石器文化と細石器文化が確認されていましたが、後者の落とし穴が20基近く発見されました。これらにはすべて底の部分に杭《くい》（逆茂木《さかもぎ》）の跡があり、逆茂木をもつ落とし穴としては日本最古とされています。

掃除山遺跡（下福元町）は、縄文時代草創期の遺跡で、桜島の大噴火（1万1500年ほど前）より古い時代です。隆帯文《りゅうたいもん》土器（200点以上出土）など多くの土器や石器の他に、集石遺構（石蒸し料理に使われた）や連穴土坑（肉の燻製を作った）も発見されました。隆帯文土器は粘土ひもを口縁部にはりつけ、さらに刻み目をつけて文様としたところに特徴があります。

この他、掃除山遺跡の最も特徴的なことは、南に傾斜する斜面に、2軒の竪穴住居跡が検出されたことです。大きさは直径約4・6mで、楕円形に近い形をしています。住居内には、17本の柱穴が見つかりました。土器が比較的多く出土したこと、磨製石斧の割合が高いこと、重い石皿が存在していることなどから、定住的生活の最初期と考えられます。まだ完全な定住には至っておらず、夏場の居住地と冬場の居住地を移動するタイプの定住（振り子型定住）の可能性（夏場に生活が営まれたかどうかが不明）が指摘されています。

これまでの狩猟中心の移動生活から、定住生活への過渡期にある貴重な遺跡だということです。

縄文時代早期では、加栗山遺跡（川上町）で17軒の竪穴住居跡が、前原遺

【掃除山遺跡模型】

【隆帯文土器】

跡（福山町）で「ハ」の字に並ぶ12軒を含む合計28軒の竪穴住居跡や道路跡が発見されています。

草野遺跡（下福元町）は、縄文時代後期（約4000年前～約3000年前）を中心とする遺跡で、標高約40mのシラス台地の縁にあります。出土遺物の量が多く、収納箱で土器500箱、石器など200箱、獣骨45箱、魚骨2箱、貝類は土嚢《どのう》袋で約2000袋に及んでいます。哺乳類の骨は16種類発見されましたが、イノシシとシカで90％以上です。磨石・石皿も多数あり、植物性食料をかなりとっていました。

動物の骨を加工した耳飾りや髪飾りなども多数あり、赤色に塗られた土器（台付皿型土器）、丸木舟や動物などを模した軽石加工品などもあります。この時代に、北九州や中九州、特に舟形の軽石加工品では種子島、奄美大島、沖縄方面まで交易が行われていたことがわかります。

魚見ヶ原遺跡（魚見町）では、弥生時代前期末（約2100年前）の竪穴住居跡が4軒見つかっています。標高60mの台地の縁にあります。多くの打製石鏃《せきぞく》と炭化した木の実や磨石とともに籾の跡がある土器も見つかっています。道跡も1本あります。水田跡や米そのものの発見はありませんが、狩猟・

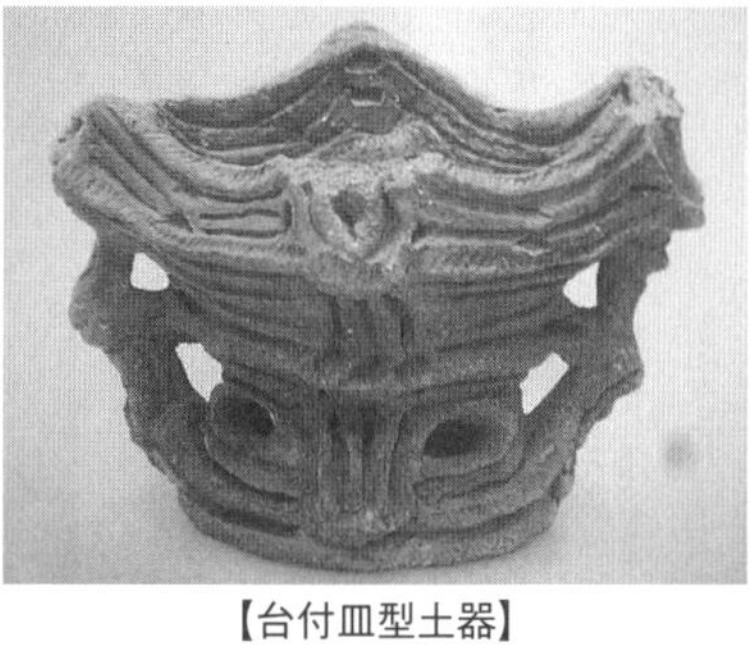

【台付皿型土器】

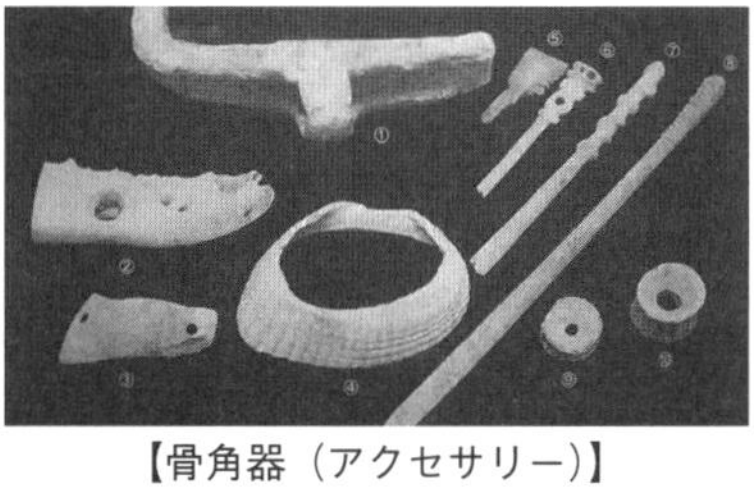

【骨角器（アクセサリー）】

採集生活をしながらも、米作りを導入した様子がうかがえます。また、竪穴住居跡は、韓国にある松菊里型《しょうきくりかた》住居と同じような特徴を持っています。「平面形か円形もしくは長方形で、床面中央に楕円形の土坑（柱を立てる穴のこと）があり、さらにその土坑に内接あるいは外接して対となる２本の柱」があるのです。大陸とのつながりや稲作との関連も予想されます。沖縄や大陸（主に朝鮮半島）とのつながりなど、「海」を通しての交流は、かなり古い時代から広範囲に及んでいます。

郡元にある鹿児島大学構内の遺跡（弥生時代中期）からは、水田跡や水路に利用されたとみられる溝などが発見され、稲の切り株の痕跡や人の足跡らしきものも検出されました。この付近の河川跡では、水量調節のための木製杭列もあり、計画的な稲作が行われていました。住居は内径が６ｍ、外径が８ｍです。古墳時代の住居跡も約２５０軒見つかりました。

貴重な遺跡もいくつか発見されましたが、全体的には少ないです。石器時代から人々の生活・居住はあり、その後も平地の開発は行われていましたが、分布からは、南九州の中心は肝属平野です。

遺跡の弥生式住居跡（郡元）

第3章　奈良時代～鎌倉時代

中央政府は、7世紀末からは、それまでの国造《くにのみやつこ》（各地の有力豪族）の支配から、山や川などを国境とし、国司《こくし》を派遣して支配させる単位としての「国」を設定しました。

西海道《さいかいどう》（九州）では、日向国や肥後国もできますが、当初大隅地方は日向国に属し、薩摩地方は、肥後国の影響を受けていた出水地方を除いて、同じく日向国とされていたようです。

大隅国は713年に成立し、薩摩国もはっきりした年は不明ですが、8世紀初めです。

8世紀になると、政府は、地方を治めるために、中央政府から派遣される国司と地方の有力者の中から任命される郡司《ぐんじ》をおきました。薩摩国・大隅国それぞれ国府（国の役所）があったのは、今の川内と国分です。この2カ所がこの時代の中心地です。

南九州では、長い間、中央政府と熊襲・隼人の争いが続きました。最大規模で最後の軍事衝突が起こったのが、720年です。721年に終結し、隼人の服属を確認しています。

「催馬楽《せばる》」という地名がありますが、隼人が宮廷警備とともに、催馬楽《さいばら》（古代歌曲の1つである神楽《かぐら》）を演奏したことからきています。

7～8世紀の国の経済的な政策は、口分田（公の田）を農民に耕作させる班田制でしたが、実際はうまくいかず、723年には三世一身法（未開地の場合は3代の間、旧来の灌漑施設を利用した場合は本人だけ私有化）、742年には墾田永世私有令（永久に私有化）を出して、土地の開墾奨励をせざるを得ませんでした。これが荘園《しょうえん》（貴族・寺社の私的な領有地）の成立のきっかけです。

せばる碑

薩摩・大隅においては、隼人の降伏もあり、730年に班田制を行おうとしましたが、混乱を招くという太宰府の反対もありました。800年には薩摩・大隅の墾田をすべて口分田としました。公地化の即応措置として、隼人の雑色身分（身分の低いこと）も改善しました。しかし、中央では班田制は崩れつつある時期でしたので、あまりできなかった（しなかった）ものと考えられ、荘園につながりました。

薩摩国、大隅国には、「島津荘」という結果的には日本国内で最大規模の荘園ができました。

ここで、「鹿児島」という地名について。

「鹿児島」の初見は、続日本紀７６４年の「麑島信尓村《かごしまのしにむら》」です。「鹿児島の信尓村」であって「鹿児島郡の信尓村」ではありません。信尓村は行政単位ではなく、自然村落としての集落です。

９０５年、「延喜式《えんぎしき》」（平安時代の法令集）民部の条には、薩摩の国に、13の郡（出水、高城《たかぎ》、薩摩、甑嶋、日置、伊作、阿多、河辺、頴娃、揖宿、給黎《きいれ》、谿山、鹿児島）があって、その１つとして出てきます。

７３６年の「薩麻《さつま》国正税帳」（８世紀前半までは「薩麻」が正式名称　正倉院文書で一部のみ現存）には、薩摩国13郡のうち、一部しか残っていないため、出水、高城、薩摩、阿多、河辺の５郡のみ地名として残されています。出水郡と高城郡は公民の２郡であり、隼人＝雑色の郡とは区別していました。鹿児島郡は、隼人11郡の１つです。

両方とも13郡ですし、記録の５郡は全く同じですから、他の８郡もそのままと考えられますが、文字としての記録が残っていません。六国史（７２０年にできた日本書紀～９０１年にできた日本三代実録　国が作った正式の歴史書）にも、郡名は見あたりません。

ちなみに、大隅国は、７１３年に、肝坏《きもつき》・曽於・大隅・始欏《あいら》の４郡で成立しています。

また、９世紀に入ると、薩摩では９神が記録に残っています。その中の２神は、伊尓色《いにしき》神（伊敷の語源とされます）と鹿児島神です。

「鹿児島」という地名には、約１２５０年の歴史があるのです。

当初の鹿児島郡は、おおよそ今の鹿児島市から南部と西部を除いた地域に、霧島市と姶良市を合わせたぐらいの広い地域でしたが、大隅国に桑原郡が新設されると、10世紀初めの鹿児島郡は、東北は今の吉田・重富の線、北西は日置郡、南は谷山郡と接する地域になりました。

おおよそ、今の鹿児島市から谷山・喜入・松元・郡山・桜島を除いた地域です。

和名抄（平安時代の百科事典）によれば、鹿児島郡は「加古志万《かこしま》」と訓《よ》み、都万《つま》・在次《ありつぐ》・安薩《あさ》の3郷からなっていましたが、各郷はどこかはっきりしません。郡家（郡の役所）の所在地も、一宮神社のある郡元と考えられますが、推測の域を出ません。3郷の人口も計算上は3000人ぐらい（令の規定では、1郷50戸で1戸は平均20人前後）ですが、これもはっきりしません。

「島津荘」の起源は、11世紀前半に、太宰府の役人であった平季基《たいらのすえもと》が、日向国諸県《もろかた》郡島津の地（現在の都城市）に来て、土地を開発し、摂関家（藤原道長の子の頼通　摂政・関白という最高の位を務められる家柄なので摂関家です）に寄進したものです。寄進した主な理由は、寄進された貴族や社寺の多くが「不輸の権」（人や土地に対する税の免除）や、「不入の権」（国の役人の立ち入りを認めない）をもっていたからです。寄進することによって、自分の荘園を守ろうとしたのです。この頃の税は、年貢と雑税とに分かれていましたが、年貢を国司に、雑税を荘園領主に納めました。

11世紀の間は、島津荘はそれほど大きくなりませんが、12世紀になると、土地が「寄郡《よせ(り)ごおり》」に変わっていきます。「寄郡」は、荘園と国衙《こくが》（国の役所）の両方に属した土地でしたが、年貢を二分して国司と荘園領主、雑税は荘園領主ということで、荘園領主の取り分が多く、それだけ荘園領主の権限が強く、国衙の支配が及びにくい領域でした。

郡司などの地方豪族も摂関家に近づこうとし、摂関家もさらに経済基盤を強めようとしたのです。

島津荘が寄郡化する頃に、鹿児島郡をはじめ薩摩のほとんどの郡司職が、薩摩平氏の伊作良道の6子（道房・川辺、有道・多祢、忠永・頴娃、忠景・阿多、忠明・加世田、忠良・鹿児島）と、その姻族彼杵《そのぎ》久澄の子孫によって独占され、特に一族の阿多忠景が中心的な存在になっていました。

島津荘を起こしたのが平季基、阿多忠景も薩摩平氏と、薩摩・大隅においては、長年平氏の勢力が強かったのです。但し、平清盛とは別の一族です。平氏・源氏とも多くの一族があり、すべて血縁関係があるわけではありません。

そうした中、中央政界で、平清盛の後、勢力を伸ばしたのが源頼朝です。地方を治めるために、守護（主に軍事や警察）・地頭（主に年貢の取り立てや犯罪の取り締まり）を置きました。源氏が勢力を伸ばしたことで、薩摩・大隅も変わります。

1185年、惟宗忠久《これむねのただひさ》（島津家初代忠久のこと）が、島津荘の下司職《げしき》（翌年、地頭職と改められた）に任命されました。忠久は、島津荘の領主であった摂関家に仕える役人であり、また、幕府の有力者であった比企能員《ひきよしかず》の「縁者」（忠久の母が比企氏）であったことから、両者の利害関係が一致したのです。この時、忠久は7歳です。薩摩に来たのは1回だけで、鎌倉で生活します（実際に薩摩で生活するのは、4代忠宗からです）。忠久は、九州各国に守護が任命された1197年には、薩摩・大隅の守護になっています。実際の政務は、守護代・惣地頭代です。

なお、忠久は薩摩・大隅だけの役職にあったのではありません。九州以外では、越前国（福井県）の守護職や5つの地頭職に任ぜられています。

本立寺跡にある「五代墓」は、忠久から貞久までの墓です。なお、5人の本来の墓は感応寺（出水市野田町）にあり、鹿児島における廟堂《びょうどう》（祖先の霊をまつった屋舎）とみられています。本立寺は、かつて五道院と呼ばれていました。5人の法名に「道」の字が入っていたためです。

本立寺跡の五代墓

1197年に作られた「建久図田帳」という記録があります。

薩摩国は、総田数は4010町（ほぼhaと同じ）余、島津荘は293

4町余で、全体の70％を超えています。そして、荘園の70％以上が「寄郡」です。このように「寄郡」が増えたのは、国衙と荘園側の提携もあります。「寄郡」ではない荘園部分を「一円領」（薩摩国では635町）といいますが、「一円領」からの年貢はごくわずかでした。「寄郡」なら半分は入ってきました。

建久図田帳における鹿児島郡の荘園内訳は、次の通りです。

なお、この頃の鹿児島郡は、10世紀頃の鹿児島郡（26ページ参照）から、おおよそ今の吉田地区を除いた地域（ほぼ、東桜島を除いた、谷山市と合併する前の鹿児島市）です。

鹿児島郡　322町内　島津同御庄寄郡、
　寺領　37町5段　安楽寺　下司僧安静、
　社領　80町　正八幡宮領、
　府領社　7町5段　下司前藤内舎人康友
　公領　197町　郡司前藤内舎人康友　地頭右衛門兵衛尉　但本宮（郡）司平忠純

寺領の安楽寺は、太宰府天満宮関係の寺で、実質的には安楽寺の末寺である薩摩の国分寺領です。社領は、大隅正八幡宮（鹿児島神宮のこと）の一円領荒田庄（荒田八幡付近一帯）です。地頭は、源頼朝の信任を得た中原親能《なかはらのちかよし》です。親能は、実際に鹿児島に来たわけではなく、代官を派遣したと考えられます。正八幡宮領は、大隅国で1270町余で、薩摩国でも225余町もありました。

府領社は、開聞神社の末社である郡本社（現一宮神社）の所領です。公領は、島津荘の「寄郡」で、地頭の右衛門兵衛尉とは島津忠久のことです。府領社・公領とも地頭は島津忠久、下司は惟宗康友です。本とは旧来という意味であり、「本郡司平忠純」は、最近、平姓郡司から惟宗姓郡司に代わったことを示しています。島津忠久も元々は惟宗姓でしたね。

鹿児島郡322町のうち197町（61・2％）が島津荘「寄郡」です。

薩摩平氏で鹿児島郡司の初見は、平有平《ありひら》です。有平は、鹿児島郡だけでなく、薩摩・大隅両国の島津荘数郡の郡司職を兼ねた有力者でした。

有平の後、忠吉―忠純―忠重と伝えられ、島津氏や幕府と何らかの関係があった惟宗康友が後を継ぎました。惟宗康友は、1189年の奥州征伐に従軍してその功を認められ、地元の平姓鹿児島郡司に代わって鹿児島郡郡司職に任ぜられました。鹿児島と直接のつながりはありません。但し、地元の有力者である平忠重と惟宗康友2人の争い（裁判での争い）はその後も続きましたが、実質的には、忠重が郡司でした。しかし、承久の乱（1221年）で、康友が勝った幕府方だったのに対し、忠重は破れた京都方と考えられ、忠重はその職を失ってしまいます。

荒田八幡

一宮神社

忠重の後、郡司職を惟宗氏と争うのが矢上氏です。実質的には、矢上氏が郡司となりました。

矢上氏は、おそらく薩摩平氏だった鹿児島郡司の一族で、忠重らの没落に代わり、その縁故関係によって郡司職を継いだものと考えられます。字《あざ》名として、矢上も同族の長谷場も市内に残っています。矢上は西境を伊敷と接する催馬楽付近、長谷場は福昌寺墓地付近です。在地豪族であった矢上氏の方が勢力が強かったということです。

鎌倉後期の1317年の記録では、鹿児島郡の御家人は、「矢上又五郎左衛門尉」「舎弟彦五郎」「伊敷領主」「田上領主」「上山領主」「荒田庄弁済使取（収）納使」の6人です。この中で、前者4人が矢上一族といわれます。鎌倉後期の鹿児島郡は、矢上一族が、矢上、長谷場の他、伊敷や田上、郡元等の諸村を領有しました。矢上一族が郡の中心部を押さえた強固な在地支配です。

矢上城跡

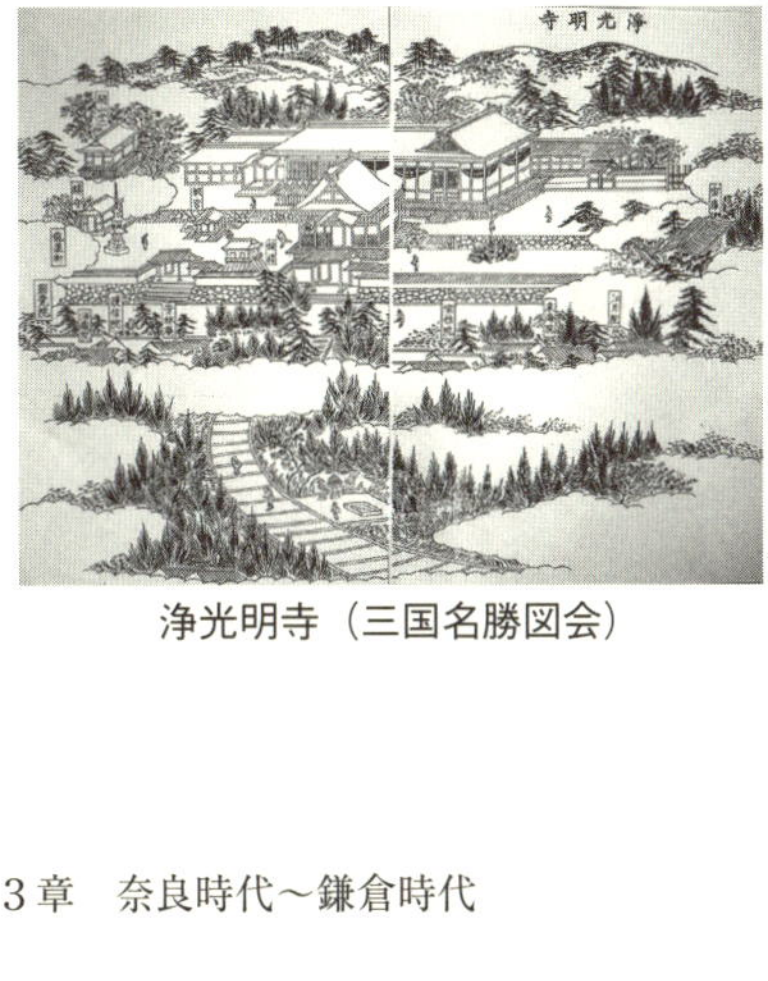

浄光明寺（三国名勝図会）

鹿児島郡の地頭職は、島津氏が薩摩国惣地頭職になって以来、島津氏です。忠久、忠時、久経、忠宗と続きます。3代の久経は元寇に備え、福岡に下向しますが、福岡（筥崎《はこざき》）で亡くなります。

これに対し、鹿児島郡の郡司職は、直系ではありませんが、一貫して薩摩平氏の流れをくむ矢上氏などです。その在地豪族の勢力の強さが、南北朝時代、守護島津氏に長く対立できた原因と考えられます。

島津氏は、4代忠宗の時、薩摩に移住しますが、その居城は、最初は、山門院《やまとのいん》木牟礼《きのむれ》城（出水市高尾野町）です。南北朝時代に薩摩郡碇山城（薩摩川内市）、そして鹿児島郡東福寺城となります。しかし、鎌倉時代から島津氏は鹿児島や東福寺城と関係を持っていました。

例えば、1218年に、忠久は郡山村の平等院に阿弥陀仏を安置します。これが現在の花尾神社です。その美しさから「薩摩日光」と称されています。浄光明寺は薩摩では最も古い時宗の寺で鎌倉仏教が入ってきた最初とされています。1277年に、一遍上人《しょうにん》が鹿児島神宮に来た時、久経が帰依しています。

花尾神社（左）（三国名勝図会）

花尾神社（右）（三国名勝図会）

第4章　南北朝時代〜安土・桃山時代

島津家5代貞久は、大隅進出と南朝方制圧のため、薩摩支配の基盤を、次第に南部に移します。当初、拠点を山門院木牟礼城におきますが、この頃には、薩摩郡の碇山城でした。1341年、貞久は8カ月にわたる攻防の末、長谷場秀純や肝付兼重が守る鹿児島郡の東福寺城を攻め落とし、息子の氏久をおきました。但し、東福寺城は50〜60mの山城（多賀山）でした。防衛を第一としたもので、手狭で、城の付近には町といえるものは存在しませんでした。

東福寺城は、1053年に、矢上一族の長谷場永純によって築城され（『郡山郷土史』）、俗に長谷場城ともいいます。島津氏が鹿児島を本城とする契機となりました。

ここにようやく、鹿児島（郡）が、薩摩・大隅の中心地となります。

但し、島津氏は、貞久―氏久―元久―久豊―忠国―立久―忠昌―忠治

東福寺城跡

—忠隆—勝久—貴久と続きますが、薩摩・大隅を平定し、ほぼ安定した領国経営をするのは、貴久が鹿児島御内城に入城する1550年です。およそ200年にわたって、島津氏と国人（領国内の在地領主）、また島津一族同士の争いとなった内乱状態が続いたことになります。したがって、この頃の鹿児島（郡）は、島津宗家の拠点にすぎなかったという一面もあります。

島津氏は、鎌倉時代の初代忠久から江戸時代末の29代忠義まで、700年近くも鹿児島の領主であり続けた全国的にも珍しい一族（難しい言葉では、「旧族《きゅうぞく》居付《いつき》の大名」といいます）ですが、その前半の300年以上は、主に薩摩藩主としての後半とはかなり違いますね。

南北朝期、北朝方だった島津氏と対立した豪族は、郡司系豪族と守護・地頭系豪族とに大別できますが、前者の典型が矢上氏や谷山氏等、後者の典型が伊集院氏や鮫島氏等です。

前述の島津氏の動向から、1340年以降、薩摩国における主戦場は、鹿児島郡になります。守護・惣地頭である島津氏側の東福寺城と郡司矢上氏の拠点催馬楽城（矢上城）との相互の争奪戦となるのです。島津氏に味方したのが郡山郡の比志島氏や北薩の和泉氏、渋谷氏等です。矢上氏に味方したのが肝付兼重や南朝側から派遣された中院《なかのいん》義定等

肝付兼重奮戦の碑

です。1344年に矢上高純を攻め、矢上氏を滅ぼしました。

このような結果、1354年には、島津氏は矢上氏に代わって郡司職に認められています。島津氏は、鎌倉以来地頭職でしたが、ここに郡司職も兼ね、島津氏が鹿児島郡を領国形成の拠点としていきました。この後、矢上氏の郡司復帰は史料にはありません。

なお、矢上一族の長谷場氏は、本拠を次第に鹿児島郡から日向国に移しつつあり、大隅では、南朝方の肝付氏攻撃に加わっています。


1363年、貞久は薩摩国守護等を師久《もろひさ》に（1366年には嫡子伊久《これひさ》に譲与）、大隅を氏久《うじひさ》に分与しています。但し、鹿児島郡地頭職は揖宿郡とともに氏久に譲与しました。師久は川内の碇山城に、氏久は東福寺城に拠点をおきました。ここに、島津氏は薩摩国守護職を継承した総州家《そうしゅうけ》（島津上総介《かずさのすけ》だったため）と、大隅国守護職を継承した奥州家《おうしゅうけ》（島津陸奥守《むつのかみ》だったため）にわかれました。但し、鹿児島郡は氏久に譲与されたので、奥州家のものでした。

氏久の息子の元久は、内乱末期の1385年頃から、特に大隅国で、守護としての強い権限を発揮し、次第に薩摩も加え、領国の守護職を再び統一して、領国形成の本格化に努めました。

1392年の南北朝統一後、元久は、国人に、「給分」（給恩）として知行地を宛《あて》がい（土地所有を認めること）、被官化（家臣化）に努めています。対象としては、特に鹿児島郡・谷山郡が目立ちます。

元久は1387年に、清水城（現清水中地）を建設しました。南北朝動乱の終末と、新しい領国形成への起点を意味する事業でした。清水城は、貴久が1550年、伊集院一宇治《いちうじ》城から鹿児島に移り、内城《うちじろ》（本御内《もとみうち》）を居城とするまで、約160年間、島津氏の根拠地となりました。

清水城は、山頂ではなく、山の端に位置していました。山城と山下の居館を中心とする典型的な初期の城下町の形態を備えていました。直臣団の居所である麓（上町方面）が造られ、福昌寺や諏訪神社（現南方神社）の門前から、現在の納屋方面へかけて商工漁業者の集落があり、武家屋敷は坂元村から和泉崎（今の平之町から西千石町方面）にかけて発展したものと考えられます。近郷には、荒田・田上・郡元・西田・原良・伊敷等があって、鹿児島の発展を支えていました。

また、鹿児島は城下町だけでなく、領国最大の港町でした。領内の志布志や山川、博多や堺、さらには琉球・明・朝鮮にまで通じていました。

清水城跡・石垣群

清水城跡・主郭土塁

島津氏（守護大名）の領国形成の課題として、次の2つがありました。

①　国衙領や荘園の名残を一掃して、古代以来の貴族や社寺の支配を消滅させること。

②　国人層を自己の家臣団に組み入れて、強豪領主の地域的な支配権を取り上げること。

①について。1350年の記録では、土地の年貢として「国衙・領家（荘園領主）年貢」という言葉があり、当時なお「寄郡」としての実態を残しています。もちろん、地頭米として島津氏に対する負担、公方の所役として幕府に対するものもあります。但し、国衙領は微々たるもので、寄郡から一部受け取る程度で、早くも南北朝動乱の初期に壊滅していました。島津荘も1460年代には自壊作用を起こして、自然消滅していました。

島津氏にとって、②が難しい課題でした。

荘園の変質により、税の収取単位であった「名《みょう》」（谷山の和田地区には、「和田名」という地名が残っています）は分解しつつありました。国人にとって所領を守るには、国人同士の国一揆を結成するか、島津氏の支配下に入るか、のどちらかでした。島津氏も、荘園の消滅によって、領主権の行使は容易になりましたが、南北朝期の最後の20年は反幕的態度をとったこともあり、多くの国人を幕府側に走らせてしまいました。幕府に接近せざるをえなかったのです。島津氏は、北朝方でしたが、単純にいつも幕府に協力的というわけではありませんでした。

幕府は、島津氏を打倒して、足利氏一族を守護にしたかったため、最も反島津的国人である薩摩の渋谷・谷山・阿多氏や、大隅の税所・加治木氏等を幕府の直属軍である小番衆（1395年組織化）に編成して、島津氏の動向を監視する政治的・軍事的拠点としました。

1396年、島津氏は幕府へ服属しました。当面の難問は、小番衆の処理でした。脅威となる存在は、薩摩では主に渋谷氏と谷山氏、大隅では祢寝氏でした。同年には、伊久は、渋谷氏の入来院領を攻撃し、渋谷氏を抑えることに成功しました（このことから、小番衆のまとまりは強くなかったと考えられます）。

奥州家（大隅守護）の元久の薩摩における領地は、鹿児島郡と揖宿郡に過ぎなかったので、鹿児島に本拠地を移すためには、隣接する谷山氏の勢力を無視することはできませんでした。そのため、大隅経営に専念している間は、川薩地方の渋谷氏の南下に備えて、谷山氏に東福寺城を預けていました。渋谷氏の制圧に成功すると、元久は谷山氏を滅ぼしました。1400年、元久は、谷山氏の領地であった谷山郡30町を一族の伊作氏に与えています。

谷山城跡

1400年には、友好関係を続けてきた総州家（薩摩守護）と奥州家が不和となり、内紛状態となり、渋谷氏を立ち直らせています。

この段階の島津氏は、直参の家臣団を中核とし、半独立の一族と国人の支持による連合政権であって、国人の古代以来の支配権を否定しきれない、不安定で未完成な勢力でした。

このことは、大乱誘発とともに、守護を介する幕府の全国支配を脅かす可能性があったため、1404年、3代将軍義満は使いを送り、和解を斡旋し、元久を日向・大隅両国の守護職にしました。

1407年には、総州家（薩摩守護）が衰退し、1409年には、元久は薩摩国守護職も兼ねました。1411年、元久は清水城にて死去します。奥州家で警戒すべきは、総州家の残存勢力と渋谷一族・伊集院氏・市来氏だけでした。

元久は、島津家菩提寺として福昌寺を創建（50ページ参照）しますが、一人息子の梅寿を福昌寺第3世としたため、後継者がいなくなり、家督相続の紛争をおこす原因となりました。

後継者争いの中心は、元久の弟久豊と伊集院頼久でしたが、久豊が勝利します。その後、頼久は協力的になりますが、一族や諸氏との対立があり、久豊は、1411年に自立してから、11年の歳月を経て、ほぼ薩摩一国の制圧に成功しました。久豊は当初、大隅に拠点があったため、大隅が薩摩を制したようなものですが、その後、日向に向かいます。1425年久豊が死去し、同年、息子の忠国が3州の守護職となりました。

　１４７４年に立久《たつひさ》（忠国の息子）の跡を継いだ忠昌《ただまさ》の時代は混乱を極めました。一族の反乱や、伊東・相良氏の国外勢力、祁答院・肝付氏等の国内勢力との争いに費やされました。１５０６年に、肝付兼久の乱があり、解決しない中、１５０８年、清水城で自刃しました。

　なお、興国寺（曹洞宗）は、忠昌が１４９６年に建立した寺です。廃仏毀釈で壊されましたが、現在は、興国寺墓地として残っています。

　忠昌の死後、忠治・忠隆・勝久と3人の子どもが相次いで守護職となりましたが、いずれも在職期間は短く、１５２６年、勝久は守護職を、伊作家島津忠良の息子の貴久に譲りました。

興国寺墓地

　貴久後継に反対したのが、勝久夫人の弟実久です。勝久は忠良・貴久側についたり、実久側についたりしますが、やがて豊後（大分県）へ逃げたため、忠良・貴久親子と実久との対立になります。当初は、実久が優勢で、貴久は鹿児島から脱出したこともありましたが、１５３８年の加世田城攻めや紫原の戦い等で、貴久が優勢となり、実久は出水に退きます。

　１５４５年、薩摩・大隅とも一応忠良・貴久の勢力下となり、名実ともに守護となりました。貴久は、島津家当主の名である「三郎左衛門尉《さえもんのじょう》」を名乗ります。その後、肝付氏を降伏させ、1550年、伊集院から鹿児島（内城）に移りました。内城の名称は、領主の居館を意味する「御内《みうち》」に由来するといわれています。

島津氏の進出方向は、東及び北方面となり、鹿児島は島津氏の作戦・兵站基地となります。

内城（現大龍小地）は、山城から平城に移ったことを示しますが、鹿児島周辺の防衛体制が一応整い、鹿児島は城下町の形成を必要とする段階に至りました。

島津氏の鹿児島の根拠地として、東福寺城→清水城→内城となりますが、この約260年間には、上町部分が守護町として、少しずつ発展しました。

1566年、貴久は出家しますが、守護職はその前に義久に譲ったと考えられます。

1568年、忠良が77歳で死去します。日新斎《じっしんさい》と号し、武将としてだけでなく、学問も深く、政治的才略にも富み、信仰心も厚い人物でした。「いろは歌」の作者です。

1569年には、菱刈氏を破り、翌年、渋谷一族（東郷・祁答院・鶴田・入来院・高城の諸氏）が降伏しました。残るのは大隅の肝付・祢寝両氏と日向の伊東氏だけとなりました。

3氏との争いも、1574年に肝付兼続の降伏で終わり、ここに三州統一がなりました。

島津氏が三州統一できた理由として、①当主の優秀性。忠良・貴久・義久ともに優秀。②一族の団結が強固。③武力だけに頼らず、謀略や懐柔、さらに降伏したものは温かく受け入れた。④勝利の確信のない時は無理をしなかった、等が考えられますが、根拠地とした鹿児島が、薩摩・大隅の中心であるとともに、単なる城下町ではなく、港町でもあったことも関係します。兵を出したり、海上から軍を遣わしたりするのに都合がよく、海外貿易（後述）による利益が島津氏を支えていたという面もありました。

1587年、豊臣秀吉の九州征伐がありました。九州統一を目前にしての降伏でした。島津氏にとって、鹿児島が作戦・兵站基地であったことは、あまりに辺境の地（根拠地を熊本の八代に移したこともありました）であり、今度は逆に不運でした。

島津氏に対する太閤検地は、1594～95年にかけて実施されました。文禄の役の最中に、石田三成が中心となり、島津氏側からは伊集院忠棟《ただむね》が参加しました。総額約58万石。内訳は、義久と義弘の直轄地が各10万石、伊集院忠棟が8万石余、給人領（家臣領）26万石余等です。

鹿児島及びその周辺の地は義弘の直轄地に含まれていました。鹿児島は、1万3545石5斗6升1合です。

検地の結果、大幅な所領替えが行われますが、北郷《ほんごう》氏（島津一族）を都城から祁答院に移し、伊集院忠棟が都城付近の8万石を手に入れたことは、後に禍根（家久の忠棟暗殺と庄内の乱）を残しました。1599年、朝鮮での泗川《しせん》の戦いの賞として、出水郡及び検地で没収された土地合計5万石が返され、薩隅2国と日向1郡を復することができました。

なお、この時使われた検地尺が尚古集成館に保存（太閤検地尺として現存する唯一のもの）されています。桧《ひのき》製で、長さ45・5㎝、幅6・0㎝です。

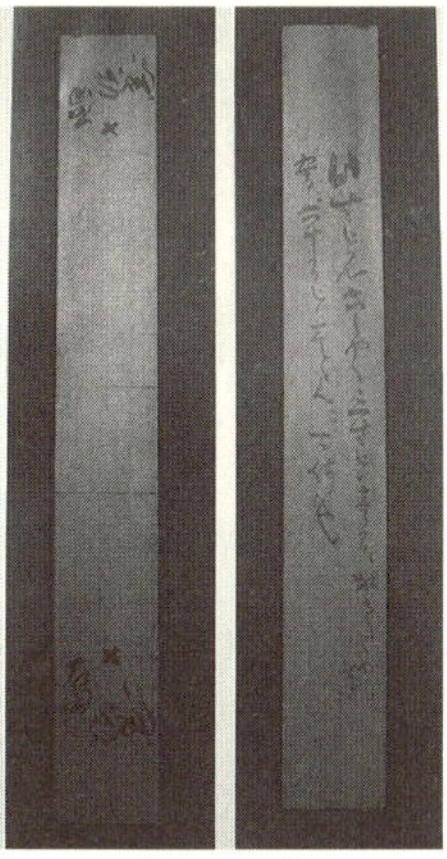
【太閤尺】

1595年の鹿児島の人口は、鹿児島村1万3545人、吉田村7790人、谷山村3893人、向島（桜島）1779人と推定されています。

島津氏の領国支配については、武力による支配の他に、荘園の変質による土地支配と海外貿易を確認しておかなければなりません。

まず、土地支配について。

耕作者を「在家」、その居住地を「薗」または「屋敷」といいました。薗の中には住居と小屋があり、それに数倍の広さの畑（内薗）を含むのが普通でした。さらに、多くは周辺の野山を切り開いた外薗がありました。在家の農業経営は、水田の他に、屋敷内外の畑と原野や山林を開いた野畑・

木場の経営からなっていたのです。水田だけが課税対象です。したがって、在家の屋敷は、水田耕作には不便と思われる台地上か、畑を含む屋敷と野畑経営に適する荒野をもつ土地があれば、そこに居住する傾向がありました。

鹿児島周辺の近郷の集落も例外ではありません。野畑は、鎌倉中期までは、課税対象外です。南北朝の後期（荘園の名残が消えた時期）になると、鎌倉中期以降、田畑だけに課税されていたのが、屋敷まで対象となりました。

古代以来、貴族の土地所有は水田だけ（＝税金も水田だけ）でしたが、鎌倉中期に畑地を加え、さらに屋敷まで掌握されました。武力を背景とする政治権力の伸展と土地所有の両面から見て、１４００年前後には支配基盤が強化されていました。

領主（名主から領主へ昇格）が、管内の百姓を、「名《みょう》」から収取単位として再編成したのが「門《かど》」です。門の経営規模は2町前後、屋敷は1町以下が普通でした。門の責任者を名頭《みょうず》といいますが、百姓の総称は以前として在家という歴史的名称で呼ばれていました。

薩摩の海外貿易について。

時代は、米の経済から銭の経済へ大きく転換し、銭は洪武・永楽銭等の明銭が中心でした。日本の経済は、明を中核とする東アジア経済圏に巻き込まれました。

1368年に成立した明は、明が認めていない周辺諸国の船の入港や中国人の海外渡航・私貿易を一切禁止（海禁）していました。海禁令にそむいた私貿易も盛んでしたが、取締りが厳しくなると、私貿易は集団化・武装化していきました。これが倭寇です。但し、真倭と呼ばれた日本人は1～2割で、ほとんどは中国人でした。朝鮮や明の文献に、根拠地の1つとして薩摩があります。

最初に東シナ海周辺の海外市場への突破口を開き、新知識をもたらしたのは倭寇であり、15世紀初頭以後、領主級の使送船貿易や商人の私貿易に落ち着いていきました。なお、日本（＝幕府）が明に許された公式の貿易は10年に1回でしたが、琉球は1～2年に1回で、全部で171回です。2位の安南（ベトナム）が89回でしたから、東アジア貿易における琉球の重要性がわかります。

将軍足利義満だけでなく、島津氏や3州の海岸地帯の領主等も、自ら海外市場へ飛び込む積極的姿勢を示しました。単なる武将ではなく、時代の経済の先端を行くすぐれた貿易業者でした。

明は幕府と勘合貿易を行ったため、薩摩・大隅の領主層に残された道は、

① 勘合貿易と間接的にもつながりをもつこと
② 比較的自由に通交が許されていた琉球及び朝鮮と直接交渉を行うこと
③ 博多や兵庫・堺（当時の国際的な港町）と連結すること

の3通りでした。さらに、島津氏の課題として、領内の他の領主層のもつ対外貿易権を吸収して、経済面からも、最高唯一の独占的な統制者となることがありました。

1374年、氏久が明に使いを出し、通交を求めましたが、一国単位の進貢を期待する明からは却下されました。但し、1410年、元久が上洛（京の都へ行くこと）した際、土産として多くの中国・朝鮮・南海産物を持参して驚かせました。少なくとも朝鮮や琉球と通交が開かれ、明の銭貨をはじめ、膨大な海外物資が流入していたことがわかります。

薩摩は、海外のいずれの市場でも歓迎される硫黄（硫黄島でとれました）を特産物として独占していました。これにより島津氏は大きな発言権をもち、1450年には、勘合船への参加も認められました。航路として薩摩経由の南海路をとることもあり、その都度島津氏は保護と警備を命ぜられ、坊津・山川等の港が寄港地として重視されていました。硫黄は毎回送りましたが、南海路の場合は坊津で渡し、中国路の場合は門司・博多方面に運びました。但し、明との直接貿易はできず、そのため、島津氏の海外貿易の中心は朝鮮と琉球になりました。

対朝鮮貿易について。1406~1504年の間に、正式に記録されているものだけでも126回に及びます。対馬の宗《そう》氏を除けば、圧倒的に多い回数です。薩摩からの主な輸出品は、硫黄（医療用と火薬の原料）、蘇木《そぼく》（貴族の礼服用染料）、胡椒《こしょう》（調味料）等です。特に、硫黄が多く、銅より高値に取引されていました。蘇木や胡椒は、領内の産物ではなく、琉球を通じて入ってきたものを輸出していたのです。伊集院氏や市来氏が、最後まで完全に降伏しなかった背後には、良港を擁して朝鮮その他との貿易によって蓄積した経済利益もありました（39ページ参照）。

対琉球貿易について。15世紀の国際港は、博多と那覇です。対琉球貿易は、「硫黄と蘇木」につきます。１４７１年には、幕府は一般の琉球渡航船は島津氏の認可を要することを認め、翌年には琉球も同様に認めたため、島津氏は、琉球において、朝鮮貿易における宗氏の地位を獲得しました。

琉球使節の薩摩来航は、16世紀中頃から頻繁になっていますが、

① 島津氏の領国体制が確立し、航海も安全が保障され、島津氏が貿易に熱意をもっていた
② 琉球の南海貿易が、１５１１年のポルトガル人のマラッカ占領以来、その進出により次第に振るわなくなっており、琉球も積極的に薩摩との貿易を望んでいた

ためです。１５５９年頃には、島津氏の琉球貿易の独占体制が確立していましたが、薩摩と琉球の関係は、「兄弟之約」とあるように対等でした。

重要な貿易に関しては、明も積極的（１５６７年に海禁令の廃止）になり、南からはポルトガル船が北上し、日本の商人の南下もありました。１５７０年には、琉球の南方貿易は終わりました。

１５８７年に秀吉が島津氏を服属させた後、薩摩と琉球の関係が複雑になります。秀吉は琉球を属国と考えていたため、島津氏を通じて命令を琉球に伝えました。朝鮮の役に対して琉球は消極的でした。

長年にわたる海外貿易の背景（特に島津氏が多大な利益を得ていたこと）が、１６０９年の薩摩

藩による琉球征伐につながります。

当時の鹿児島の港は、稲荷川の河口であり、多賀山の麓が泊地（現春日神社付近）でした。河口から滑川付近の海岸に沿って人家が建ち並び、港町を形作っていました。坊津・山川のように天然の良港ではありませんが、湾内のため波が静かで、島津氏の居城の港でもあり、船舶も次第に多くなってきました。明船の来航も多く、後には城下に唐人町が作られました。

１５４３年の鉄砲伝来後、ポルトガル船も訪れ、鹿児島の港も山川・坊津と並んで、入港地の１つとなりました。ポルトガル側の記録では、１５４４年の６隻を初めとして、数隻の船が薩摩の港を訪れています。

島津氏が領内を統一していく過程に並行して、倭寇から奪取した領主層の貿易権を守護一人の手に収め、それを重臣に分与していったことは、知行地の給与と同じぐらい重要なことでした。

軍港跡碑

春日神社

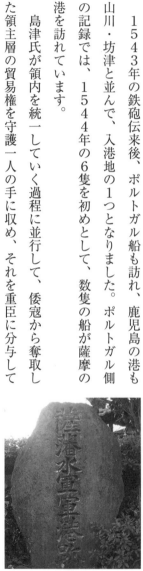

文化について。薩摩で禅宗興隆のきっかけをつくったのは元久と伊集院氏です。前者は福昌寺、後者は伊集院の妙円寺等を建てました。貿易を背景とした両氏の経済力が事業の背景にありますが、土地を寄進して、経営と維持に援助しました。禅寺の開山や中興は、いずれも中央の五山で学んだ著名な学僧でしたから、漢詩文にもすぐれた才能をもち、対外貿易に参画したことも推測されます。

このような中で、京の戦乱を避け、来鹿したのが薩南学派の学祖となった桂庵玄樹《けいあんげんじゅ》です。1478年の来鹿の理由として、忠昌が禅宗の理解者で、好学の大名だったこと、当時鹿児島が博多に次ぐ国際的港町であり、外国文化の摂取に便利であったこと等が考えられます。その後、京都の建仁寺139代管主にもなりますが、晩年には薩摩に戻り、1508年伊敷村で亡くなります（82歳）。30年にわたって鹿児島の文化興隆・儒教の普及に努めました。

水墨画では秋月等観。出家後、雪舟の弟子となり、雪舟とともに明に行き、3年後帰国しました。1492年、忠昌に招かれて帰鹿し、1530年加治木で死去します。雪舟門下第一の名手といわれました。

光明蔵（福昌寺）

桂庵玄樹墓

福昌寺は、1394年に、元久が島津家の菩提寺（曹洞宗）として創建しました。開山は一族の石屋真梁《いしおくしんりょう》禅師です。石屋真梁禅師は、後に曹洞宗総本山総持寺の管長にもなった名僧でした。元久は、宇宿村1350石を寄進しました。1537年、実久の乱で破壊されましたが、翌々年、貴久が修理しました。

福昌寺（現玉龍中・高地）・大乗院（真言宗　貴久が伊集院の荘厳寺を移した　現清水中地）（ともに54～55ページ参照）・浄光明寺（時宗　現南洲神社地　32ページ参照）をもって鹿児島三カ寺としています。

神社では、諏訪神社。氏久が1343年、東福寺城を居城とした時、山門院《やまと》（出水郡）から鹿児島に移しました。現在の南方神社《みなかた》ですが、上町5社（他には八坂・稲荷・春日・若宮神社）の第一社として、島津氏の厚い保護を受けました。

大乗院の梵字

諏訪神社（三国名勝図会）

第5章　江戸時代

1600年の関ヶ原の戦いで、敗れた方の西軍だった島津氏は窮地に追い込まれますが、1602年には所領を安堵され、徳川氏との間に主従関係を結びます。18代家久（義弘の子、家康の一字をもらい忠恒から家久に改名）は、初代藩主となります。

1609年には、島津氏は幕府の許可を得て、琉球王国を支配下に治めます。

ここに、島津氏は、薩摩・大隅・日向国諸県郡《もろかたぐん》60万5000石余と琉球12万3700石の計72万8000石余（1石＝米2俵半、約150㎏）を支配する大名となりました。

但し、薩摩・大隅・日向国諸県郡分は、籾高《もみだか》です。籾1石5升を高1石として算定したため、米高にすると約50％減となり、おおよそ半分になります。なぜ薩摩藩だけ籾高なのかは不明です。

15代貴久が居城とした内城は、貴久・義久とも戦いに明け暮れていたため、「築地《ついぢ》一重の屋敷」といわれるほどの急拵《きゅうごしら》えの館でした。むしろ家臣の方が堅固な城をもっている状態であり、居城の建築を考えなければなりませんでした。

姶良地区や東福寺城・清水城も検討されましたが、結局、上之山（今の城山）と決まりました。

今の城山には、１３５０年頃、豊州（大分県）緒方の豪族上山氏が上山城を築いたともいわれます。上山氏は、その後島津氏との勢力争いの中で、１３８３年までに桜島に転居しましたが、上山城はそのままの状態となっていました。１６１５年の一国一城令で廃止されました。

移転後、内城は、本《もと》御内《みうち》と称し、大龍寺を建て、桂庵の流れをくむ文《ぶん》之《し》を開山としました。大龍寺の由来は、貴久（大中）の戒名と義久（龍伯）の号から名付けられました。

島津氏は、下向以来の約１５０年間は出水や北薩を根拠地とします。その後の５００年以上にわたって鹿児島を根拠地としますが、その前半が東福寺城・清水城・内城時代、後半が鶴丸城（正式には鹿児島城・御内）時代ともいえます。この鶴丸城移転によって、広大な城下町建設が可能となり、市街地は南へ伸びていく方向性を持ち、今日まで続きます。

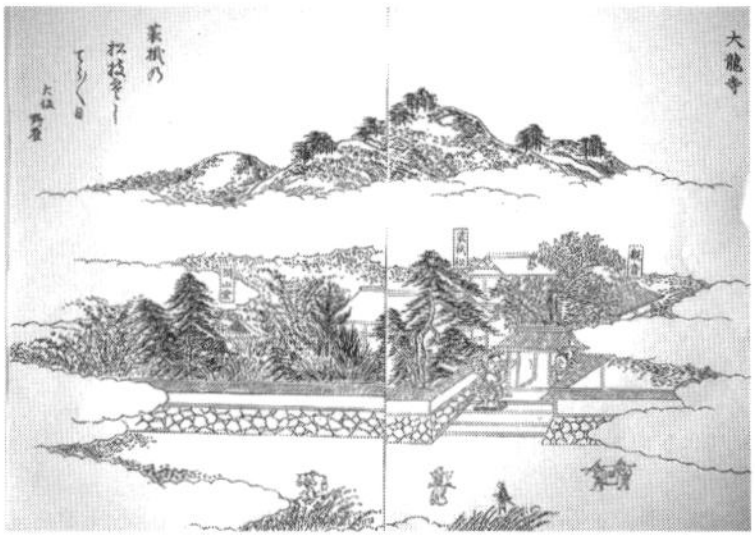
大龍寺（三国名勝図会）

文之和尚碑

鶴丸城は、１６９６年の大火で、城内にも延焼し、本丸以下を焼失しました。すべての復旧・落成は、１７０７年です。当初から一般の城のような天守閣はなく、館造りは一貫して変わりません。城中は本丸（大まかには正面向かって右側）と二の丸（左側）に分かれていました。「築地一重の屋敷」であった内城に比べると、「少し手増《てまし》（少し広くなった）に御座候《ござそうろう》」という程度でした。

【明治初期の鶴丸城】

『元禄薩摩國絵図』について。

江戸幕府の命令で、薩摩藩が１７０２年に作ったものです。１里（約４㎞）を６寸（約18㎝）とする縮尺（約２万１６００分の１）で、畳20枚ほど（縦７・81ｍ×横４・14ｍ）の大きさなもので、国立公文書館に保存されています。

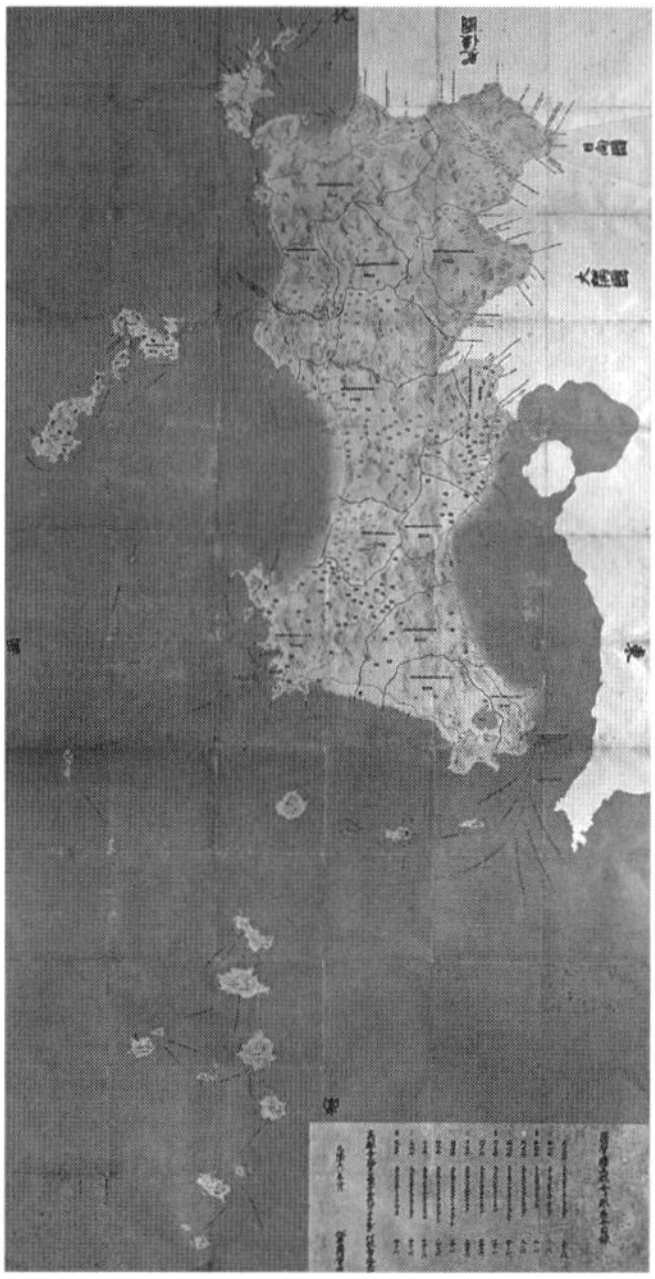
元禄薩摩國絵図

鹿児島郡を詳しく見てみましょう。周りの黒線が郡境です。大きく黒字で、「鹿児嶋郡」と「高三萬三百三拾九石六斗九升四合弐勺」と書かれています。鹿児島郡全体で、3万339石余です。中央に「鹿児嶋之城」「松平薩摩守」です。正式には「鹿児嶋城」で、島津氏は幕府から「松平」の姓をもらっていました。

城の近くに、「玉龍山福昌寺」と「経圍山大乗院」があります。周辺には、現在とほぼ同じ村名（集落名）が、その石高とともに書かれています。橋は、甲突川は出水筋《すじ》（筋＝街道）と山川筋の2カ所、稲荷川は大隅方面へ向かう道に1カ所、海岸近くに1カ所の4カ所です。他は橋がないため、「歩渡り」です。鹿児島からの湾内航路として、加治木、福山、横山村（桜島）、古江村（鹿屋）への4航路。距離は、順に海上5里、10里、1里2町、8里です。加治木のみ「大舩（船の異体字）出入なし」です。

福昌寺は、「太守様第一の御菩提所に候間、當國随一の大伽藍なり。下馬より行けば大なる池有《あり》。山水多くたたへたれは、清水常に流て心も冷しく、此池に懸る橋を龍門橋と云。二王門の額は獅々吼、山門の額は玉龍山、佛殿の額は靈皇寶殿、本堂の額は、勅願所福昌寺とあり。」また、大乗院は、「白地藏と云石像あり。めづらしき像なり。土俗

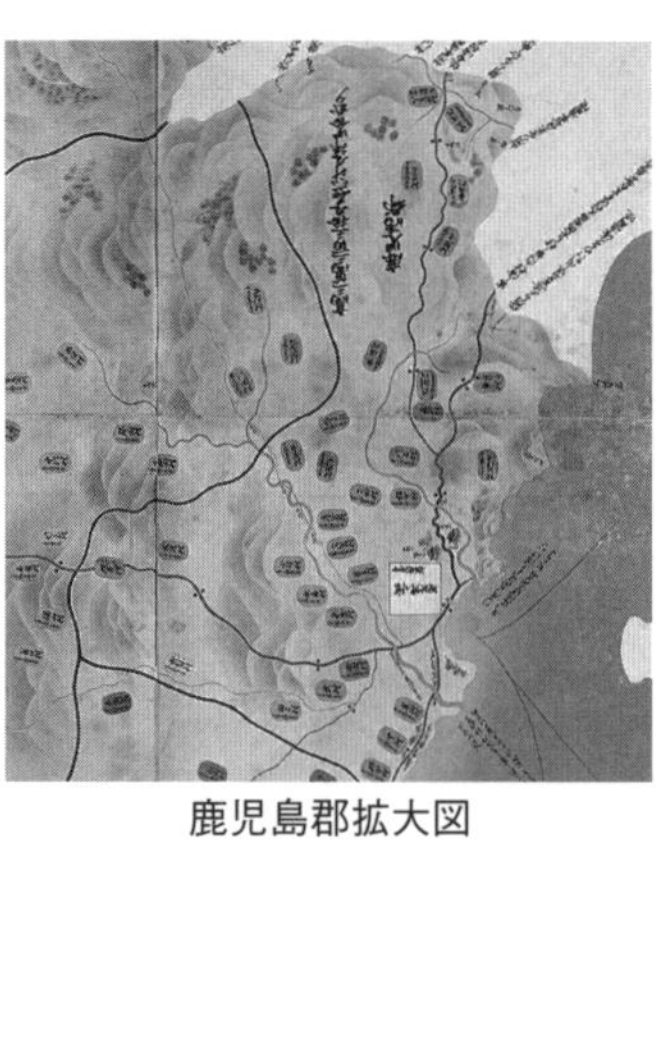

鹿児島郡拡大図

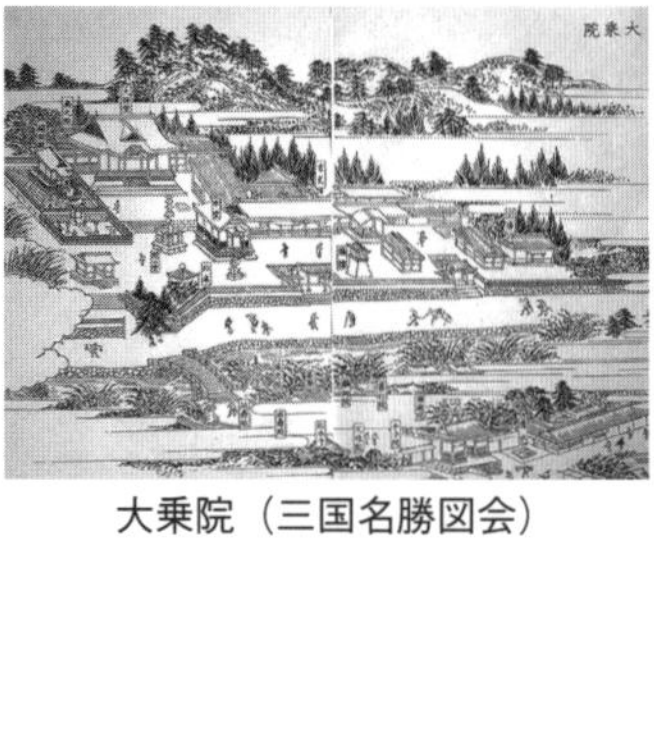

大乗院（三国名勝図会）

心願あれば、地蔵のおもてに白粉《おしろい》をぬるなりと云。當所も大寺にて、太守様御祈願所なり。二王門有。此二王ばかり、門のうちにありて木像也。よりて二王堂と云。門前に冷水わき流るる。茶の水によしとて、遠近是をくむ。」（ともに「鹿児島ぶり」72ページ参照）とあります。

これから、江戸時代の鹿児島の様子を、①城下の発展、②人口の推移、③城下士の支配、④近在の様子とその支配、⑤25代重豪と調所広郷に大別して述べていきます。

まず、城下の発展についてです。

北の稲荷川と南の甲突川は、鶴丸城防御の大きな堀割として、また、河川交通の役割をも担うことになります。背後に城山、両側に河川、前面に錦江湾があり、城下町としても、河川・海運交通の条件を備えた港町としても発展する素地がつくられました。

城下の広がりについては、城の近くに役所・倉庫その他の施設があり、続いて武家屋敷・町屋敷がありました。江戸時代初期には、甲突川が現在より北を流れており、家久は、その川筋を南に移

福昌寺（右）

福昌寺（左）

して城下町の建設を進めました。古くは新上橋付近から左折して、平之町・千石馬場を通り、俊寛堀から海に注ぎました。それを南に移し（現在の清滝川はその跡ともいわれる）、さらに現在の流れになっています。

1619年頃は、「二官橋三官橋より平（平之町）の方は屋敷に成る。とひの口溝を限り、高麗町の方より新屋敷の辺は一円《いちえん》（すべて）田地に候」とあります。二官橋三官橋は今の山下小付近、樋之口を今は「たいのくち」と言いますが、もともとは「といのくち」だったのです。

19代光久の時に、六月燈も始まりました。特に、上町では浄光明寺が、下町では南林寺が賑わいました。「琉球館内観音に六月燈あり。廻り燈籠、水からくり、さまざまのちやうちん抔《など》を出す。すべて、鹿児嶋の風俗として、六月に入、三日の稲荷をはじめ、神佛の縁日に、六月燈と名づけ、おひただしく燈籠をいだす、又灯燈も出す。（中略）琉球にはなき事なれども、館内の琉人、當地に學びて燈籠を作る。」（「鹿児島ぶり」）とあります。

城下は、城を中心に分けられ、それぞれ上方限《かみほうぎり》・下方限《しもほうぎり》（町は上町《かんまち》・下町《しもまち》）といいました。その境界は、現在の市役所の本館と東別館との間の道路です。

鶴丸城

南林寺（三国名勝図会）

鶴丸城の前付近を「内郭」とし、上方限・内郭・下方限とする分け方もあります。
さらに、城下町の拡大とともに、甲突川右岸の出水筋《すじ》沿いにも武家屋敷が建ち並び、ここを西田といいました。武家屋敷に隣接して町屋敷があり、幕末には、上町に６町、下町に15町、西田に３町がありました。吉野村・原良村など近在24カ村と荒田浦、横井野町等が取り囲んでいました。

１６８０～１７０３年の間に５回も大火に見舞われ、前述のように１６９６年の大火の時には、鶴丸城本丸も焼失しました。そこで、一種の防火地帯をつくる意味から、１７１３年に、６カ所の上級武家屋敷と諸役屋敷１カ所の移転を命じ、空き地には松・杉・桧等を植えました。現在の中央公園から中央公民館一帯の地域です。25代重豪《しげひで》が１７７３年に造士館（当初は聖堂とよばれた）や演武館を建てるまでの60年余り建造物はなかったのです。ちなみに、本丸も焼失した大火とその翌年の大火の原因は放火です。放火犯は、前者が竹鋸刑、後者が磔《はりつけ》の刑に処せられています。

中央公園付近

武家屋敷と町屋敷では、武家屋敷が広く、「町は三分、武家は七分」といわれました。これは後述の武家人口と町家人口の比率からいっても当然のことでした。武家屋敷と町屋敷は、明確に区分され、間には松並木のある堤防がつくられていました。天保絵図には、町の入口に町門があり、「松原通是より西武士小路也」とか、上町には「町口」とあって、その北側には「是より武士小路」とかあります。

19世紀前半の武家屋敷1831所の内訳です。

571所（31・2％）上方限（内2カ所は、佐土原屋敷・琉球館）
865所（47・2％）下方限
55　所（3・0％）岩崎・東福寺城・城内
340所（18・6％）西田・荒田・草牟田・吉野・下伊敷等の近在

佐土原屋敷は、島津家分家の佐土原藩の屋敷です。琉球館は琉球貿易に関する役所で、琉球国王が来た時の邸宅としても使われました。現在の長田中の場所です。

琉球館跡碑

1826年では、3町町家数2883軒のうち、8分の1近くが酒屋・焼酎屋です。焼酎屋は、城下の中心ではなくなりつつあった上町や、百姓町といわれた西田町に多く見られました。同年の大町人の種類は、船主貿易業7、しもたや6、油鬢付屋と呉服屋が2、酒屋呉服屋・紅屋・紙屋・味噌屋・米屋・こんにゃく屋・菜種屋・金物屋が各1、不明8となっています。

1838年の資料では、3町では毎月3・6・9の付く日に定期市が開かれ、年間108日（藩内で最も多いのは鹿屋の145日）でした。

城近くの海浜を前之浜といい、古くから船つき場がありました。1645年の前之浜築堤以後、3回の埋立等が行われた他、天保年間の甲突川・稲荷川の浚渫《しゅんせつ》（水底の土砂や岩石を取り除くこと）と、その土砂等を使っての埋立等がありました。この土地が天保山・祇園之洲です。「天保山」の由来は、「天保」年間からきています。1806年には、犬迫村横井から小野・田上・荒田・中村と流れていた境川を、郡元の海へ流れを変え、新川と呼ぶようになりました。

1789年頃12町であった下町が、埋立の結果、30年後には、住吉町・汐見町・弁天町が加わり、天保城下絵図には「下町十五町」と注記しています。

西田町は、上・中・下の3町が、明治になって、東・中・西の3町に呼び名が変わっています。

今度は、人口についてです。

18世紀後半～19世紀前半にかけて、城下の人口は約5万～5万8000人で、周辺地域を加えると約6～7万人でした。江戸・京都・大坂の3都以外では、城下町では名古屋・金沢が10万人ほどで、鹿児島はこれに次いでいました。港町の堺と長崎が5～6万人でした。

琉球を除く藩内総人口（約70万人前後）に対する鹿児島の人口比率は、約1割です。

1826年について。家来・足軽を含めた城下士は5万2568人（70％以上）、町人はわずか4

９４１人（６・８％）でした。その他、在郷農民が17～20％です。武士階級が町人の10倍以上です。また、藩全体の武士は24万１４４９人ですから、鹿児島居住は21・７％です。

日本全体での武士階級は６％、武士が多いといわれる薩摩藩でも25％ぐらいですから、70％以上というのは城下町ならではですね。また、上町・下町・西田町の３町については、18世紀初頭～19世紀前半にかけての１２０年間に、約３割減少しています。横井野町が同時期後半の50年余りに５割増、近在人口の増加が37・５％と比べると対照的です。

城下士について。

城下士の家格は時代で異なりますが、一門家（約３万石以上　幕末時の家数４　以下同様）・一所持《いっしょもち》（約１万石以上　21）・一所持格（約６０００石以上　41）・寄合（54）・寄合並《よりあいなみ》（10）・小番《こばん》（７６０）・新番《しんばん》（24）・小姓与《こしょうぐみ》（３０９４）・郷士（在郷居住の士）・与力《よりき》等があり、その下に士に準ずる足軽がいました。寄合並以上が上級武士です。上級武士の割合は、郷士などを入れない小姓与までの割合でもわずか約３・２％です。

城下士のうち、上級武士は城の近くに住み、下級になるほど城から遠くに居住するのが原則でした。今に残る千石馬場の地名は１０００石取りの屋敷町であったことを示し、城から遠い加治屋町付近は、小姓与のような下級武士の居住地でした。

城下士が皆、城下に居住できたわけではなく、かなり多くの下級武士が荒田・武などの近在に居住・自活していました。

下の写真・図は、常盤町水上坂下にあった江田家の屋敷です。江田家は、新番の家柄で、神道流馬術の師範家です。建築年代は不明ですが、２００年以上前と考えられています。母屋は10部屋あり、建坪は84坪です。中流城下士の典型的な屋敷といわれます。

城下士と郷士は、当初はそれほど違いがあったわけではありません。呼び方も鹿児島衆中・出水衆中など居住地名でした。18世紀後半ぐらいから、城下士・郷士と呼び、差別も厳しくなりました。経済面でも違い、持高でも差がありました。１６３９年では、城下士１０１５人の平均持高は３０５石、上級武士（５００石以上）を除いた８９９人では、平均１０７石となります。郷士８２０２人の平均は10石余です。小番以下の平士層では、１８６０年では、10石以下乃至《ないし》無高層が多かったのです。武士と言ってもほとんどは苦しい生活だったことがわかります。

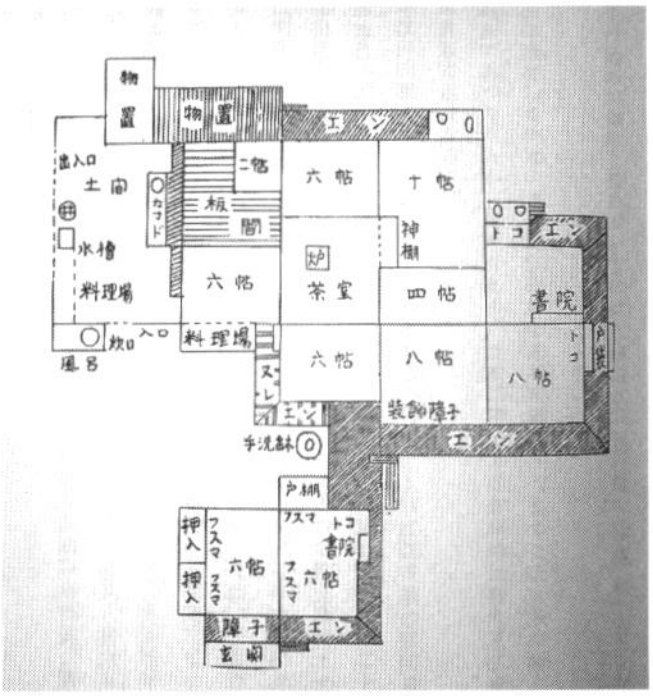

【江田屋敷図】

【江田屋敷】

藩は、城下士を幾つかの組（与）に分けて統制しました。当初、一番組から十番組の10組と家老組や寺社組等の合計26組でしたが、１６４６年に、一番組から六番組および家老組の7組に改編しました。6組の構成は初め地域的に交じっていましたが、１７０５年、地域ごととしました。一〜四番組が下方限、五・六番組が上方限です。１７５３年には、各組およそ６００人台、幕末の頃は、５００人前後で編成されました。組の役目としては、出陣時の行動単位としての軍事的役割がありますが、その他、命令伝達・藩士取り締まり、藩士の教育機関的な役割がありました。組頭《くみがしら》の命令の徹底も強調しており、藩が、組組織を通じて、城下士を統制掌握し、支配体制の維持強化を図ったものです。農民統制における門割《かどわり》組織（後述）に匹敵する意義がありました。

在郷野町が郡奉行の、浦町が船奉行の支配下にあるのに対し、城下3町は町奉行の支配に属し、その下に町人から任命される惣年寄・年寄・年行司・横目等の町役がありました。

町奉行は諸郷の地頭に相当し、他領往来・商売出入り等の支配や3町に関する一般的な事件の裁判を担当しました。但し、大きな事件では家老の処理を願っていました。町奉行の下には、３町惣年寄がいて、補佐し、下町会所で事務を処理しました。３町のどの会所にも火見櫓《ひのみやぐら》があり、会所では警察事務のほか消防も担当しました。

一般に諸郷の地頭は、17世紀中頃以降、掛持《かけもち》地頭（任命後早めに任地を一回巡見）となりましたが、町奉行は任命後4～5カ月以内に最初の巡見をし、その後も年1回の巡見を行う定めでした。

町人の中で、屋敷持を名頭、借家人を名子といいましたが、ほぼ町人4・4人に名頭1人という割合でした。

近在の様子とその支配について。

鹿児島周辺の農村部は、古くは「近名《きんみよう》」と呼ばれましたが、1784年に、「近村」「近在」と改称されました。さらに近在は、「近名」と「遠名《えんみよう》」に分けられました。「近名」は、荒田・郡元・中・田上・武・西田・原良・草牟田・小野・下伊敷・永吉・坂元村の12カ村、「遠名」は、犬迫・上伊敷・比志島・毛棚・皆房・岡之原・下田・吉野・川上・花野・西別府・小山田村の12カ村でした。時代や文献で少し異なることもありますが、18世紀末後は固定していました。

人口を見ると、1772年と1826年では、前者が10482人で後者は14285人、横井野町でも104人と153人で、約50年間で40％近い人口増加です。

近在の場合は、すべて藩直轄で郷士の支配はありません。居住する武士もいて、例えば「吉野郷士」と呼ばれましたが、身分的にはすべて城下士です。平均して26～28％は、近在居住でした。17世紀には吉野村だけでしたが、18世紀になると、西南部への拡大が目立つようになります。

野町とは、幹線道路に沿って点在する商人居住の街区で、在とは別の一区をなしていました。横井野町（犬迫村の一部）は、いわば茶屋野町（街道沿いの休息場所のようなもの）で、主体が茶屋（他地域は各種商店がある　例えば谷山松崎町）で、間口7間でした。野町には門割制はなく、支配権力の浸透も弱いため、人口流入もありました。なお、この道路は、大正2（1913）年に鹿児島—東市来間の鉄道が開通するまでは、鹿児島へ入る主要道として栄えました。

直轄地支配の最高官は地頭で、城下士中の高官から選任されました。この下に郷士年寄・組頭・横目の「所三役」がおり、その他30数種の所役がありました。近在では城下士が任ぜられました。さらに他藩では百姓役として庄屋がありますが、近在の場合、これも城下士（外城でも郷士）であり、役得が多いため、生活に困窮したものが任ぜられました。庄屋の下に数名の功才《こうざい》がいて補佐していますが、1783年に名主《なぬし》と改称しました。村中の名頭《みょうず》から選任しましたが、さらに、この下に作与頭《さくくみがしら》という役があり、耕作指導をしました。

薩摩藩独自の農民支配制度として、門割制度があります。

門割制度は、年貢の徴収等を個々の農民ではなく、門・屋敷で掌握するという方法です。

門は、長である名頭と、名子という複数の農家から構成される農業経営体のことで、屋敷とは、門より小規模な経営体です。

村（庄屋）―方限（名主）―門・屋敷（名頭）―家部（名子）―家族（用夫）

名頭は、門の代表者であり、その身分は世襲でした。名頭は年貢等の記録や金銭の貸借の帳簿も記入するため、文字の読み書きができました。名頭の家の消滅は門全体の崩壊を意味したため、時には養子をとって維持しました。名頭の血縁者（分家）が必ずしも名子になるとは限らず、また、血縁者でなくても名子になる場合もあり得ました。

なお、農民が士その他の身分に転ずることは禁止されていましたが、郷士・家来・野町人等が農民になることは認められていました。

幕末、武村の組織は、庄屋１人、名主５人、名頭51人、名子１０２人です。

門がその貢祖負担能力を失うような場合は、「人配《にんべ》」によってその維持・回復を図りました。人配は、一般的には崩壊しかけた門に過大化した門から強制的に移すことで、大規模な例として、西目（薩摩半島）から東目（大隅半島）や日向への人移し政策がありました。西目の人口は、江戸初期と幕末期を比べると、約18万人から約39万人へと2倍以上なのに対し、東目の人口は約12万人から約16万人への微増に留まっています。「労《つかれ》（大したことない）名頭には慥成《たしかなる》（しっかりした）名子、又慥成名頭には労名子与《くみ》合せ」て行ったとありますが、この辺りは今も昔も変わりませんね。

門の規模として、初期は40石以上、18世紀に入ると25石前後、18世紀後半になると10～30石に分裂する傾向がありました。

ある門（伊敷村の渕ノ上門）の土地所有としては、田を上田《じょうでん》・中田《ちゅうでん》・下田《げでん》・下々田《げげでん》に4分類し、畠を中畠・下畠・山畠に3分類しており、割り当てられた土地はかなり分散しています。同じ田畑でも、収穫量の多少でランク分けされていたのです。土地を分散するのは、例えば、水害等の被害を集中的に受けないようにするなど、一定の収穫量を確保するための工夫です。

近在の門割制の特徴は、次の3点です。

① 比較的小規模であること（人口構成や土地所有領から）。

② 門内の人間関係は必ずしも同族団的構成をとってはいないこと（農村部の門はほとんど同族団的構成です）。

③ 門地の割替がほとんど完全に行われ、土地・農民の掌握が強固であること。

このような農政でしたが、一般的には八公二民（税率80％）や公役《くえき》は月35日（実際は10日程度）といわれます。但し、門高は実際より低く査定されていました。年貢が免除された浮免《うきめん》という土地があったり、原野を開墾した大山野《おおさんや》や古荒地を再開墾した溝下見掛《みぞしたみかけ》などの所有が認められたりなどの租税軽減策があり、他藩に比べ、著しく負担が重かったわけではないと考えられています。

しかし、負担が重いことには変わりがなく、下人に転落したり、ツブレ門（門の機能を果たしていない門）も増大したりしました。これらの下人は、近在へ多く移住しました。農村が破壊される中で、近在には人口が集中しましたが、近在は、藩直轄のためあまり苛政も行われず、ある程度の生活が保障されていました。また、鹿児島という大消費地を控え、近郊農村的性格が強く、土地の生産効率が高かったのです。

馬について。騎馬という軍事面からも重要でした。藩の馬牧は総計20カ所で、特に重要なのが、吉野牧（元々は川上家が開いた）と比志島牧です。1826年の吉野牧は239頭で、藩総計は4529頭です。吉野牧には、別囲の唐牧があり、ここにペルシア馬や百済馬が飼育されていました。比志島牧は、重豪が吉野牧から移して設立しましたが、ジャカルタ馬が飼育されていました。

吉野牧の馬追について。「鹿ご嶋の諺に、人の多く集る時は、御馬追のごとくと云にて、群集をしるべし。遠まきにせしのぼり（＝幟《のぼり》）の、風にさながら、富士の牧狩とも云べし。御城下の諸士三百騎程も、面々乗馬にて原をのり廻る。名人もあり、下手もあり、落馬の人も多し。其後貝をふきて相圖《あいず》をすれば、はるかの山より段々追落す。やや近く成《なら》ば、ときの聲おびただし。馬は五、六百もあるべし。」（「鹿児島ぶり」）とあります。

浦には、浦の第一義的負担の水主立《かこだち》（船こぎの労働）が、浦の上中下順（ランク順）に男女総人数28人に１人、40人に１人、78人に１人の割合で課せられました。参勤交代時の船や、江戸・大坂・長崎などへ藩の荷物を届ける船、領内の港回りの船などの水主《かこ》としての労働がありました。この負担は、浦だけでなく、門前町や城下町にも課せられていました。

【荒田の浜と浦】

最後に、幕末期（次章）を除いた江戸後期に、鹿児島城下と深いつながりがある25代重豪《しげひで》と調所《ずしょ》笑左衛門広郷《ひろさと》についてです。

重豪は、城下町鹿児島の積極的繁栄を計画しました。

１７７２年には、商人を招き寄せるために、居住や縁組みを自由とし、町家に限らず、上方または他領から男女奉公人を雇うことを許し、町人が他領へ出ることも自由にし、伊勢参り等も支障のない限り許すことにしました。「三位様（重豪のこと）思召《おぼしめし》を以て、人気和らぎ候（性格が穏やかになるの意　重豪は江戸の生活が長いため、薩摩の風習が合わないこともあった）様にと、上方よりあまた藝子御下し、百七拾人程も有之候」（「鹿児島ぶり」）とあります。この時、来鹿した商人の１人が、山形屋創業者となります。また、高島屋創業者も阿波（徳島県）の出身です。翌年には、繁栄方という専門の係をおき、家老を担当者にしました。言語風俗の見直しや花火・船遊びの許可等もあって、重豪の開花政策といわれますが、１８１８年に鹿児島入りした頼山陽に「驚き入り候は薩摩の紛華に御座候」と言わせたほどでした。

重豪は、1773年、城下に造士館（敷地約3500坪）・演武館を造ったのをはじめ、医学院・明時館（天文館）や吉野その他の薬園を設置し、経営しました。

演武館での犬追物《いぬおうもの》（弓馬鍛錬のための行事で、島津家のお家芸として自慢の行事）について。犬追物は、笠懸《かさがけ》・流鏑馬《やぶさめ》とともに「馬上の三ッ物」といわれ、鎌倉・室町時代は全国的に流行しましたが、江戸時代では島津家だけが行いました。「殿様御名代役も有之《これあり》、烏《え》ぼし、大紋にて、鎌倉言葉つかひ候。犬が見えて候など申由《よし》。かぶら矢にて追候由、つよく當《あた》り候犬は、馬鹿に相成申候由に御座候。」（「鹿児島ぶり」）とあります。犬を殺さない「犬《いぬ》射《い》蟇《ひき》目《め》」という特殊な矢が使われました。「鎌倉言葉」を使うところに、島津家の誇り・伝統が感じられますね。

1779年（安永8年）には、桜島の大噴火（「安永の大噴火」）がありました。大噴出は5日に及び1カ月後ようやく沈静しました。死者150余名、家屋倒壊500戸、田畠損高500石に達し、2330余名に銭2000貫（＝金

造士館（三国名勝図会）

【犬追物図】

５００両）、米数百石および衣服を支給しました。城下は降灰がひどくて大混乱でした。

噴火の原因について。「先年、三位様御代、此所にて狩を被遊候處《あそばされそうろうところ》、櫻嶋の神怒をおこし、もへ（燃え）出候由、申傳《つたえ》候。是は、定てもへ出んと致候きは（＝際《きわ》）に、鐵砲を打候故に、火勢を引出し候」とあり、よって「櫻嶋、狩は勿論、鐵砲禁制なり。」（ともに「鹿児島ぶり」）です。

文政末（１８３０年頃）には、藩債は金５００万両になっていました。当時の大名貸しの利息は年７分ですから、利子だけで35万両になります。これに対し、薩摩藩の年間の全収入は17万両でした。収入の全額を返済に充てても利子の半分も払えない状態になっていました。

１８２７年、調所広郷が財政改革の担当者になりました。重豪が江戸の経済学者の佐藤信淵に頼んで経済診断を行い、参考にしての改革です。

大島・喜界島・徳之島の砂糖専売、藩債の２５０年賦償還法（1年に2万両ずつ返済すること）の確立、密貿易等、大胆な改革を行い、返済したうえ藩庫に50万両を蓄えるほどになりました。

城下についても、二の丸をはじめ磯・玉里邸宅や造士館・天文館等の整備、福昌寺等の修繕、織屋・藍玉所の新建造を行いました。また、１８４１年、肥後の石工岩永三五郎を招いて、まず稲荷川に永安橋以下３橋、その後甲突川に西田橋以下６橋（他は入佐土・玉江・新上・高麗・武之橋）をかけました。岩永は１８４９年まで８年間、領内各地の石造工事にも携わり、小野・原良・伊敷等の村から出る小川の水流堤防を修繕しました。鹿児島港の整備もしました。これらの事業には、200万両かかりました。

なお、西田橋・武之橋は、他の石橋より半間~1間も幅が広く、3間半(約6m30㎝)です。両橋が北薩・南薩方面の幹線道路にあったためです。西田橋の御門は、明《あけ》六ツ(午前6時頃)開門、暮《くれ》六ツ(午後6時頃)閉門です。新上橋―西田橋―高麗橋―武之橋―玉江橋の順に造られ、玉江橋以外は、以前から木橋として造られていました。

また、洋式砲術の採用と、これに伴う軍役方の設置等の軍政改革も行っています。洋式銃隊・砲隊の制を正式採用しました。1844年に鉄砲製造所、滝之上製薬所跡に銃薬製造所を建設し、1847年、砲術館を開設しました。同年、吉野原で洋式鉄砲隊1000余人の大調練を実施しましたが、西洋銃隊は帽子をかぶり、筒袖、バッチを着たので、異様なスタイルとして騒がれたほどでした。祇園之洲・前之浜・天保山等の砲台築造も計画されましたが、完成は調所の死後です。

最後に、「鹿児島ぶり」と「三国名勝図会」について。

玉江橋

高麗橋

「鹿児島ぶり」（ぶりを漢字では風流《ぶり》としています）は、1835年に27代斉興《なりおき》の参勤交代のお供で来鹿した、江戸の講釈師の伊東凌舎《りょうしゃ》が、薩摩のことを紹介した紀行文です。江戸に戻った後、1838年に江戸で出版されました。薩摩のことが詳しく書かれ、いくつか前述しましたが、他には次のような記述があります。

○大晦日、門松は松もあり、椎もあり、しきみ（樹木名）を立るもあり、思ひ思ひなり。竹は不立《たてず》。

○年始の客に禮儀《れいぎ》正し、白酒と號、暮より家々にて造り、冷酒にて是を出す。中汲（濁酒《どぶろく》の上ずみと、底のよどみとの中間を汲み取ったもの）の類なり。屠蘇酒はなし。雑煮は出さず、生餅の上にやきもちをのせて出す。焼たる斗《ばか》りを喰ふなり。

○鹿児嶋士屋敷抔《など》に、殊の外多候椿《つばき》。
（花の落ち方が落首を連想させ、武家では一般的に嫌われました）

○當國《とうごく》は萬事皆國中に用る程のものは、土地にて出来候。不出来のものは、羽二重、ちりめん、数の子、昆布、是等なるべし。金山にて金を割り谷山にて刀をうつ。扨《さて》こそ、他國に通路無之《これなく》とも、不自由《ふじゆう》無御座候《ござなくそうろう》。なきものは一向宗と遊女屋のみ。芝居、角力《すもう》は折々有之候。

西田橋

西田橋御門

右の通に御座候へば、實に日本の別世界とも可謂哉《いうべきかな》。

○ 西田橋、御門の橋、新橋、大手のはし、何れもぎ寶珠（＝擬宝珠《ぎぼし》 欄干の柱頭などにつける飾り）、慶長十七年の銘《めい》あり。

（慶長17（1612）年以後、このような橋梁架設の工事は禁止されたので特記されているのです）

○ 五月節句、柏餅なし。まきと云て、チマキを喰。下々は竹の皮に巻てむす。米のままもあり、粉にせしもあり。軒の菖蒲は江戸同前なり。

○ 唐芋《からいも》にて焼酎を作る。百姓の類、多く是をのむ。下品なり。則、唐芋の香ぬけず有なり。多く呑《のむ》もの必《かならず》足のはるる病を得ると云。

島津家門松

「三国名勝図会」は、斉興の命令で、領内の地誌や名所を記述したもので、1843年にまとめられました。挿絵も多く、当時の領内の様子がよくわかります。

鹿児島郡は、「山水」「神社」「仏寺」「旧跡」に分類され、挿絵があるのは、順に8、11、10、2の計31カ所です。但し、「山水」中の「鹿児島八景」には、10数枚描かれていますが、まとめて1つとして数えてあります。なお、「鹿児島八景」とは、「南林晩鐘」「洲崎落雁」「開聞暮雪」「南浦帰帆」「桜島秋月」「大磯外照《せき》」「田浦夜雨」「多賀青嵐」です。

第6章　明治維新期

嘉永6（1853）年のペリー来航をきっかけに、幕末の動乱期に入り、明治維新を迎えますが、この時代は、薩摩藩にとっても鹿児島にとっても、集成館事業に関する史跡が「世界遺産」に登録されたことからもわかるように、特別な時代といえます。

そこで、幕末の15年間、鹿児島が市制を施行するまでの明治時代の前半およそ20年間、計35年間を1つの「章」とし、詳述します。

幕末一の英明藩主といわれた28代斉彬が藩主になったのは、1851年です。後継者問題が長引き、40歳をすぎていました。

薩摩・琉球近海では、ペリー来航以前にも、宝島事件・モリソン号事件と呼ばれる西欧列強と対立した事案が発生し、対外的な危機意識は高まっていました。

【斉彬写真】

斉彬は、洋式産業の開発その他による富国強兵の策を実施しました。藩主となった年には、城内花園跡に、一種の理化学実験室として精錬所（開物館）を設置し、適宜事業化しようとしました。その研究は、硫酸・硝酸・塩酸類の製造、鋳銭法、アルコール・洋酒・ガラス等の製造法、写真撮影術等と多岐にわたりました。

大規模なものとしては、鉄製大砲の鋳造があります。造り方としては、次の通りです。

① 溶鉱炉で、鉄鉱石を溶かして、銑鉄を造る。
② 反射炉で、銑鉄を再び溶かし、大砲の砲身を鋳造する。
③ 鑽開台で穴を開ける（最初から穴の開いた鋳型で造ると破裂しやすい）。

反射炉の建設については、斉彬は「西洋人も人なり、薩摩人も人なり、不屈不撓以て斯の業を完成すべし」（反射炉碑文）と励まし、１８５６年には成功・完成し、鉄製砲の鋳造にも成功しました。溶鉱炉まで準備したのは薩摩藩だけです。世界遺産の「寺山炭窯（跡）」は、反射炉などの燃料として用いる白炭（火力の強い木炭）を製造するためのものです。

反射炉模型（仙巌園）

反射炉跡

1857年には、斉彬によって、各種の製造工場を総称して「集成館」と命名されました。1200人もの人が働く一大工場地帯となり、事業種目は22にも及びました。軍事だけでなく、製薬・印刷・出版・写真・食品等、生活に密着したものまで多岐にわたりますが、これが真の富国につながる、という斉彬の考えに基づいていいます。このような施設は、当時、国内はもちろん、中国や朝鮮にもありませんでした。

その他、磯邸内にガス室を造って石燈篭に点灯しました。城下の上町・下町にガス燈をとりつける計画もありました。電気についても、1857年には、本丸休息所から二の丸探勝園（現照国神社境内）の間に、モールス電信の実験をし、さらに磯で地雷・水雷の爆発実験をしました。

集成館では、各種器械操作の動力として、水車を利用しました。世界遺産の「関吉の疎水溝」は、水車を動かすための水路の取水口跡です。約7㎞にわたって導水しました。

また、谷山の火の河原地区からも粗鉄を運んでいました。集成館事業は磯地域が中心ですが、寺山・関吉・火の河原等考えると、地域もかなり広がりますね。

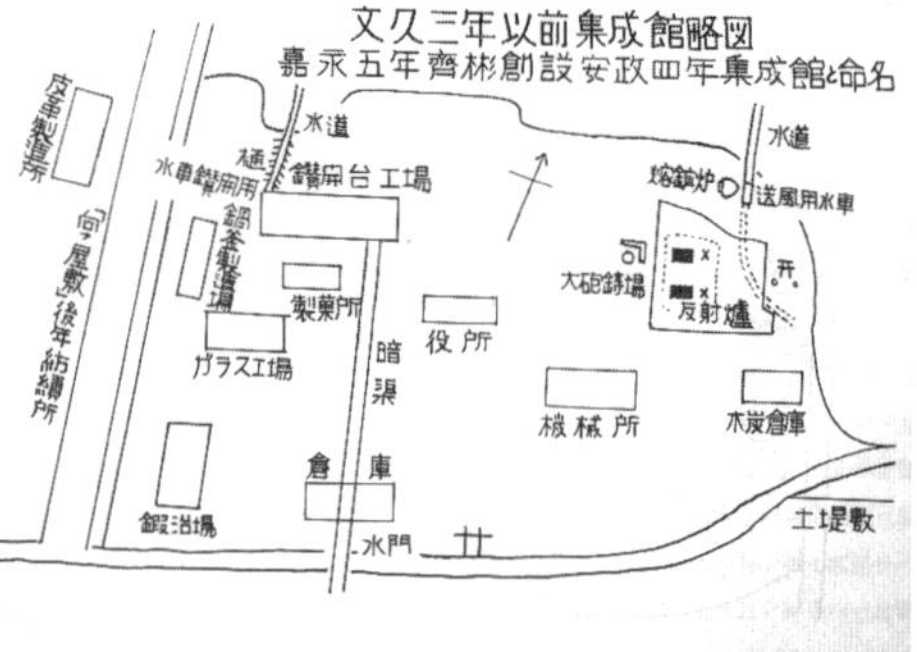

【薩英戦争以前の集成館】

洋式船・蒸気船の造船事業にも関心が高く、鹿児島における造船所は、磯の海岸（南北50間、幅10間、深さ9尺）や桜島瀬戸・同有村・牛根等です。海軍力の増強が主目的です。1853年には、日の丸の旗を船印とするよう建議し、幕府は日本国総船印と決定しています。

さらに、綿糸・綿布の需要を見越して、中村付近一帯に綿花の栽培を奨励し木綿《もめん》を作らせたり、田上村では水車を用いて機織を始めたりしました。別に郡元村と永吉村にも設けました。これらの紡績事業は、磯の洋式紡績工場に引き継がれます。

このような斉彬の事業でしたが、幕府の老中で阿部正弘という理解者がいて事業も可能（斉彬はあくまでも外様大名）となりました。また、藩主でいたのは7年間ですが、その間に帰国したのはわずか3回で、その他は江戸にいながらの事業推進でした。

死後は、財政緊縮方針により縮小され、1863年の薩英戦争で反射炉以外は焼失しました。

1862年には、集成館に鋳銭工場ができています。翌年の薩英戦争で焼失し、跡地には鹿児島紡績所が建設されますが、鋳銭事業は、西田で行われます。琉球との交易の関係から「琉球通宝」

鉄製150ポンド砲（仙巌園）

の鋳造を幕府に願い出て、許可を得ますが、実際は天保通宝を大量に鋳造しました。

薩英戦争は、前年の生麦事件がきっかけですが、台風が襲来する激しい風雨の中で、祇園之洲や天保山等10カ所の薩摩藩砲台と、7隻のイギリス艦隊との3時間半にも及ぶ激戦となりました。鉄製150ポンド砲も使われました。イギリス側は、死者13名、負傷者50名を出し、翌日退却しました。薩摩側の被害も大きく、死傷者18名、汽船3隻の焼失、砲台や大砲の撃破、集成館（建物は従来の木造でした）や鋳銭所、寺院4カ所等の焼失の他、城下の1割にあたる上町方面の町屋敷350戸・武家屋敷160戸が焼き払われました。

戦後、講和が成立すると、薩摩とイギリスは親密な関係を結ぶようになり、1865年には、イギリスに海外留学生が派遣されました。

この薩英戦争の経験により、集成館復興の必要が痛感されました。

1864年から翌年の間に、機械工場が建設されました。この工場は、ポーチを含めて975㎡あり、不燃化のために石造り（当初から「スト

尚古集成館

祇園之洲砲台跡

ンホーム」と呼ばれました）で、開口部にスチールサッシを採用していました。現在の尚古集成館です。

海陸軍諸学科の教育機関として開成所も設立され、①海・陸軍の砲術や操練等、②天文や地理等、③器械・造船、④物理・分析、⑤医学の5科に大別しました。開成は「開物成務」の略で、人知を開発し、仕事を成し遂げることを意味しています。教官として、ジョン万次郎や後に郵便制度を導入した前島密などがいました。

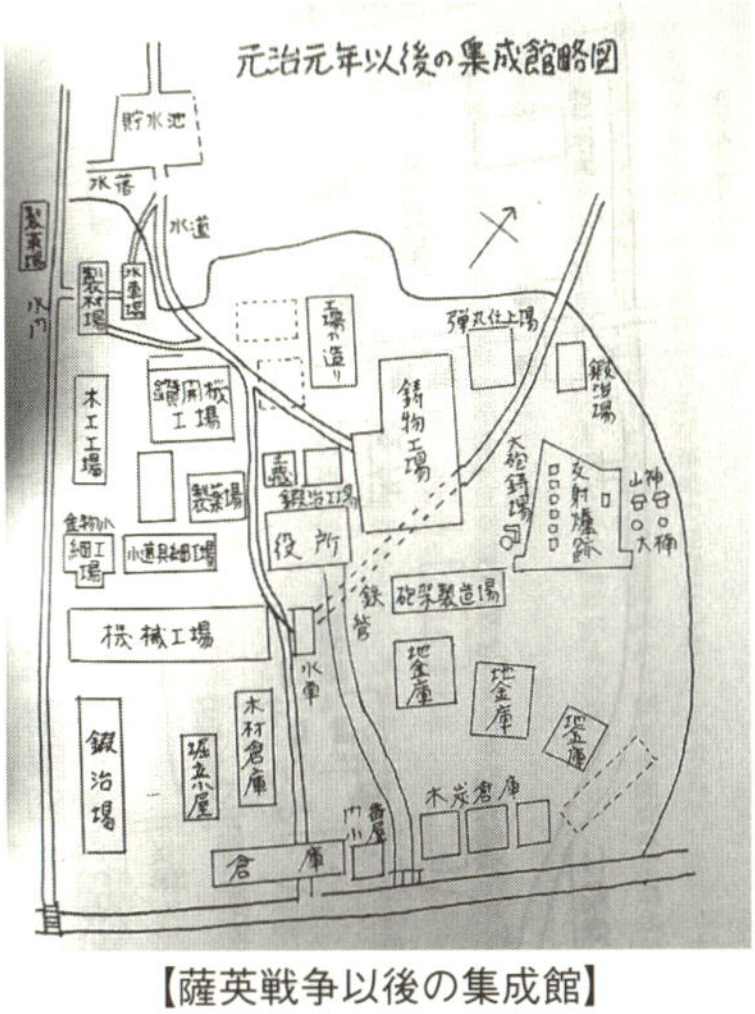

【薩英戦争以後の集成館】

前述のイギリスへの留学生によって、紡績機械購入が行われ、鹿児島に日本最初の洋式紡績工場が建設されました。１８６６年にイギリス人技師４人が到着、磯で工場建設に着手、翌年に機械も到着しました。職工は約２００人、１日10時間操業で、平均約１８０kgの綿糸を紡ぎ、白木綿及び縞《しま》類を織りました。原料綿は国産品を使用し、白木綿は大坂で、縞類は城下で販売しました。イギリス人技師７名の住宅として建築され

【紡績所】

たのが、磯に残る異人館です。異人館は、木造総2階建て、内部は中廊下式、四方に開放のベランダをつけたコロニアルスタイルです。2階は寝室、暖炉もあったと考えられます。この種の建築物としては、わが国現存最古です。

鹿児島紡績所は、明治初期、大阪の堺紡績所（薩摩藩が注文し、技術者も薩摩から移住）、東京の鹿島紡績所とともに、わが国の3大紡績所でした。紡績事業には、洋学者の石河確太郎（奈良出身）が大きく関係します。石河は斉彬が薩摩に招き、斉彬死後は、忠義に紡績業の必要性を説き、大規模な工場設立のきっかけとなりました。堺だけでなく、愛知や倉敷等、県外の紡績所にも関与しました。

異人館

なお、1862年には、藩への貸上金として、城下の商人34人が8万2300両の寄付（新式銃のミエール銃買付けのため）をしています。浜崎太平次2万両、田辺泰蔵1万両（両名とも船主貿易業）をはじめ、8000両が4人など、浜崎・田辺を除いて1000両以上が10人です。

浜崎太平次は、指宿の商人で、寛政年間の全国長者番付では、263人中、三井や鴻池と並んでトップグループにいました。8代目の時、汐見町に転居しています。軍艦春日丸を購入する際8万両を献金したり、英国留学生の派遣費用も提供したりしたといわれます。田辺泰蔵は柏原（東串良町）出身の商人です。薩摩では、どうしても武士が目立ちますが、このような豪商もいたのです。

このような流れを経て、いよいよ「明治」を迎えます。

明治元（1868）年の鳥羽・伏見の戦いでは、鹿児島港からイギリス船で25小隊が出発しています。1小隊は、幹部9人、戦兵80人、太鼓2人、ラッパ1人、医師2人（以上武士身分）、夫卒24人、他に火薬運び人を加えて総勢134人で編成されていました。各部隊の半隊長以上の幹部は城下士が務めました。

明治2年には、藩治職制の実施があり、知政所（後の県庁）をおいて、執政・参政・公議人の3職（執政は欠）と軍務・会計・内務・監察・糾明の5局をおきました。職員数合計3149人です。

ここに、鹿児島は、大名城下から鹿児島藩知政所の所在地に変わりました。

武士は、士族となりましたが、城下士は鹿児島士族と称し、外城郷士は○○方士族と称しました。

地方行政機構では、「噯《あつかい》（郷士年寄）・組頭・横目」などの3役を廃し、小隊長・分隊長・半隊長をおいて軍組織に改めました。

ここで、宗教関係の2つの事案について。

廃仏毀釈《はいぶつきしゃく》について。明治政府は祭政一致の方針に基づいて、明治元年に神仏混淆《こんこう》の禁止令を出しました。神社と仏寺との同居を禁止した法令（分離のみの藩も少なくなかった）でしたが、薩摩藩では、翌月には神仏分離と寺院廃合を藩内に布告しました。軍備充実の必要から、還俗させた僧侶の兵力転用（実際、3分の1は兵士になりました）、財源確保（鹿児島だけで寺領没収は４２０９石余）があったとも考えられます。金属類は、兵器あるいは貨幣に利用しました。翌年には寺領を没収し始め、由緒ある福昌寺と坊津の一乗院が最後に没収されたのは11月でした。福昌寺は、日本三大僧録所といわれた巨大寺院で、１５００余名の修行僧がいたといわれます。

キリシタン墓について。明治2年、長崎浦上のキリシタン信者４０００名余が捕らえられ、各藩に送られましたが、鹿児島には３７５名が来て、福昌寺に収容されました。評判になった「キリシタンぞうり」を作ったり、製薬方で竜胆丸作りをしたりして、比較的好意的に迎えられました。キリスト教が認められた明治5年長崎に戻りますが、3年間の滞在中、58名が病死、13名が生まれ、結局帰ったのは３３０名です。58名の墓が福昌寺墓地にあります。

福昌寺

キリシタン墓

明治4年、廃藩置県があり、薩摩藩はおおまかに鹿児島県となります。鶴丸城は政府の管轄となり、島津家は別邸の仙巌園に移り住みました。

なお、鶴丸城は、同6年に本丸が焼失、同10年に西南戦争で二の丸が焼失しています。

知政所を県庁と改称し、ここに、鹿児島は、鹿児島県庁の所在地となりました。

明治5年には、郡制によって、鹿児島は、県庁直轄として府下《ふもと》（または庁下）と称し、上町・下町・西田町の3町に分けられました。明治天皇の鹿児島行幸に合わせ、田之浦～磯間の海岸道路（以前は磯へは鳥越峠の山越えでした）を造りました。

明治6年、6支庁管区制が敷かれましたが、鹿児島は吉田・桜島・郡山・伊集院・谷山・重富とともに、県庁直轄に入ります。翌年には、支庁の下に大区をおきました（県下に109大区）。鹿児島には第一・二・三大区がおかれ、区長事務所が築町に設けられました。市役所の前身ともいえます。区域的には、上町方面、中央部、甲突川南部にわかれます。

今度は、公共施設等を確認していきます。

最初の官庁は郵便局です。明治5年、大黒町に郵便取扱所ができ、郵便事務が始まりました。翌年には、県下主要路線の郵便が開通し、鹿児島および近在の諸村は、毎日朝夕2往復となり、各所には郵便切手売下所が設けられました。同8年には鹿児島郵便局と改称です。

治安関係では、県には軍組織があり、警察は必要ありませんでしたが、明治5年に常備隊が廃止されてから、警察がおかれました。警察屯所を六日町（現南日本銀行本店裏）に設け、鹿児島士族の中から捕亡（ポリス）を選抜しました。同8年には警察屯所は警察局と改められ、警察出張所を3区に置き、捕亡を羅卒《らそつ》と改めました。12月には鹿児島警察署と改め、羅卒も警部・巡査です。

明治10年の西南戦争では、警察関係者が西郷軍に加わったので、警視庁から約1000人の警察隊を派遣して、警視出張所をおき、上竜尾町と山之口町で駐屯することになり、政府直轄となりました。翌11年に、警視庁が引き上げ、県の管轄に戻しました。同12年栄町に庁舎移転です。

消防について。明治8年、上町・下町・西田町の3カ所に、消防会所を設けました。盤木をつるして非常の場合に鳴らし、町民を出動させる仕組みで、用具も差又や水桶などでした。同10年には、西南戦争の火災被害が想定されたため、警視庁がポンプ（同8年にフランスから購入）を東京から持ってきました。鹿児島の消防ポンプ第1号です。同11年、消防組が設置されました。

司法について。明治8年に県令等が兼任判事になりますが、同9年に鹿児島裁判所が開庁されて、独立しました。西南戦争の影響で場所も何回か変わりますが、11年、山下町に庁舎を建築しました。

医学について。漢方医学に西洋医学が取り入れられ、明治元年、浄光明寺跡に医学院（後に医学校）が設立（仮住まい）され、ウイリアム＝ウイリスが赴任しました。後、小川町に「鹿児島医学校病院」を建てました。この病院は、赤倉病院（石の土台の上に赤煉《れん》瓦《が》をのせ、倉庫のように見えた）と呼ばれました。ウィリスは、赤ヒゲ先生と親しまれ、無料施療も実施しました。予防医学の重要さから上水道の必要性を説き、鹿児島上水道開設の動機もつくりました。

明治4年、県の士族と平民の割合は、26対74です。全国では士族はわずか6であり、明治初期、鹿児島は軍隊補給基地（全国の士族のうち10人に1人は鹿児島県士族）ともなります。士族の中から、明治4年、集成館では、砲弾作りに683人、火薬局では367人が職工となって、火薬や硝石を製造していました。

集成館は、後に海軍省の所管に移され、海軍造船所となりました。

明治6年、征韓論問題に破れ、西郷隆盛が帰郷します。

翌7年、私学校設立です。学校といっても、銃隊学校は、篠原国幹を幹部とする5~600人の歩兵隊でした。村田新八を中心に200人の砲兵隊が砲術学校でした。経費は、旧藩から県庁に引き継がれた

【赤倉病院】

私学校跡

一種の積立金があてられました。西郷が教導団150人を引き連れて作ったのが吉野開墾社です。

なお、教育機関として、この頃、県立の「本学校」（199ページ参照）があり、区別するため、「私学校」と呼ばれました。

政府側から見ると、私学校はある、反政府的な島津久光はいる、といった「半ば独立国」のような状態でしたので、明治10年には、鹿児島の火薬搬出が計画され、実施されました。置県後は、陸海軍が集成館・火薬局などの兵器弾薬の製造を引き継いでいました。

火薬搬出に憤った私学校徒たちが、5回にわたって草牟田陸軍火薬庫や磯の海軍造船所付属火薬庫を襲撃したのがきっかけとなって、2月、西南戦争が勃発（西郷軍、熊本へ出発）。3月、大山綱良県令が西郷軍寄りとして免職。4月、政府軍が鹿児島を占領します。

5月には西郷軍が鹿児島に迫り、市街戦がおこり、上町は大火、3昼夜にわたって燃え続けました。県庁も桜島へ移転します。6月末までの焼失家屋9778戸（市街地はほとんど焼失）、救恤所で扱った人数は1000名近くでした。西郷軍の戦死、生死不明

吉野開墾之碑

【甲突川陣地】

の数は、士族4919名、平民298名の計5217名（他県出身者を加えると6000名以上）でした。政府軍も約6万人が従軍し、7000名弱の戦死者が出ました。

西南戦争は、不平士族による最後で最大の反乱ですが、農業・工業・道路整備・鉄道開通等、復興には時間がかかり、鹿児島は、結果的にかなりの後れをとることになります。

地租改正について。条例は明治6年ですが、鹿児島では郷士制度や門割制度のなごりもあり、なかなか進みませんでした。市街と郡部との境界もはっきりとしなかったので、府下・上町・下町・西田町を市街としましたが、西南戦争もあり、再開されたのは明治12年です。実質的には同14年で終了しました。戦争で地価の決定も難しくなりました。

地租改正後、寄生地主も発生し、多くは士族でした。

官軍慰霊碑

南洲墓地

明治11年、郡区町村編成法が実施され、翌年には郡役所が築町に置かれました。鹿児島郡・谷山

郡などを管轄（3回地域の変更あり）しました。鹿児島67町村と吉田村の5村で、鹿児島郡です。明治15年の鹿児島県地誌では、鹿児島は47町21村からなっています。前者は旧城下で、後者は江戸時代の「近在」の村が中心です。戸数は2万4214戸、人口は7万7989人でした。

主な官庁としては、山下町に県庁、裁判所、勧業試験場（西田町も）、電信分局、山之口馬場町に警察署、小川町に監獄署（三方を堀割りに囲まれた敷地で、西南戦争の懲役刑者を収容しました）、六日町に郵便局、築町に郡役所がありました。

町名等の呼び方や書き方として、例えば、生産町《しょうさんまち》、金生町《かなふまち》、野菜《やさい》町、石燈籠通《いしづろとおり》、菩薩《ぼさ》堂通《とおり》、高見《こうみ》馬場、加治屋町は「鍛冶《かち》屋町《やまち》」とありました（「かごしま案内」著者の白野夏雲は、勧業課長を務め殖産興業を牽引した県職員です）。

この頃の商工業について。商業戸数は1450戸で、全戸数の5％です。士族はわずかに67戸です。商業未分化のため雑商が61％を占めますが、多い順に記すと、芸妓営業41戸、下駄・果物各32戸、薬31戸、煙草29戸、料理屋27戸です。工業も1181戸で、全戸数の4％、士族は341戸です。種目不明が54％です。多い順では、大工120戸、石工85戸、木工84戸、鍛冶63戸、金工24戸の順です。

いづろ通

西南戦争後、失業士族に働く場を与えようとするのが、士族授産です。大久保利通の働きかけや最大の士族反乱が起こった土地ということから、県への交付金は全国で最多でした。

明治11年には、山下町に鹿児島授産場開設です。製品として、筆・素麺・傘・櫛・竹細工・足袋等の10種で、幕末以来の武士の副業仕事でした。同年末には、入所員は757人になりました。同12年には易居町に織物授産場（前身は旧薩摩藩の織物製造所）ができ、絹布や綿布、帯地を生産しました。同17年廃止です。

明治23年、授産事業は、民間に払い下げられ、形式的には県下4万6672人の全士族を社員とする「鹿児島県共同授産会社」に、同35年社団法人「鹿児島県授産社」となりました。

第百四十七銀行（現鹿児島銀行）は、明治12年に築町に開業ですが、総株数8000株で株主数264人が全員士族です。小株主も多く、中下級の鹿児島士族の資本で成立したといえます。西南戦争後の鹿児島経済の復興を目的に設立されました。

【鹿児島授産場】

【第百四十七銀行】

前述の紡績所（79ページ参照）について。明治11年島津家の手を離れ、汐見町の豪商浜崎太平次に譲渡されました。同15年浜崎が破産したため、再び島津家が引き取りますが、その後、再開、中止を繰り返し、同38年閉鎖しました。

勧業試験場として2カ所です。1つは明治11年西田村に設けられ、穀類13種、蔬菜24種その他を試作し、もう1つは県庁裏にあり、有用植物を栽培しましたが、同14年廃止されました。

明治16年建設の興業館（次ページ参照）は、県下商工業の改良発達を図るために計画され、後に物産陳列場と改められました。博覧会、品評会等が開催されました。昭和20年の空襲で外壁を残して焼失しますが、同28年、県立図書館の付属博物館として改装されました。

西南戦争で、三菱は政府軍の輸送にあたりますが、その後、三菱会社や共同運輸会社（明治18年合併して日本郵船となる）の船が寄港し、大阪商船の船も同17年、大阪・神戸・多度津・細島・油津・鹿児島間を汽船3隻で月3回往復しました。湾内汽船交通も、功成社が設立され、同16年には種子島・屋久島に郵便物回送を行うようになり、鹿児島港は商港になり始めました。

なお、鹿児島港は、明治11年、共同物揚場の設置、翌年、港燈竿に点灯、同16～17年には波止場の修築です。

第7章　市制施行（明治22年）～昭和20年

ここからは、時系列で調べていきます。

明治22（1889）年　市制を施き、鹿児島市誕生。市役所を興業館に開設。

鹿児島郡は47町21村でしたが、その中の47町と3村（西田村、荒田村、塩屋村）を鹿児島市として分離しました。最初の仮市役所は山之口馬場町でしたが、興業館（県の借用建物）を正式に市役所としました。この頃の市役所職員は20余名で、その他徴税や住民の代筆等を行う世話人20名がいました。

市長は、市会（＝市議会）で選任した候補者3名を内務大臣に推薦し、許可を得て決定しました。議員は当初36名でしたが、議員になれる人も選挙する人も、税の納入額が関係しました。議員も納税額によって、一～三級の3段階にわかれていました。有権者は約2000人足らずでした。第1回の市会は、名山小学校（易居町）で行われました。

興業館

多くの町村合併が行われ、市周辺では、西武田村（旧村名は武村・田上村・西別府村、以下同様）、中郡宇村（中村・郡元村・宇宿村）、伊敷村（小山田村・犬迫村・小野村・永吉村・上伊敷村・下伊敷村・比志島村・皆房村）、吉野村（吉野村・坂元村・下田村・川上村・岡之原村）の4カ村が誕生しました。なお、明治時代、県下で町制は敷かれず、大正元年になって、加治木町と鹿屋町が誕生です。「鹿児島は天下の一大市として、五萬六千の人口を有てるに其外には縣下に一の町制地だもなし。市より直に飛んで村となるは、薩摩の外全國になかるべし。」（「薩摩見聞記」96ページ参照）です。鹿児島県では、大体昔からの「郷」を単位として「村」としたためです。特に谷山村は人口2万人を超え、全国3大村の1つといわれました。

2月には、大日本帝国憲法発布による大赦令が出され、西郷隆盛の賊名を除き、正三位を追贈しました。3月には、西郷・大久保の誕生地碑が建立されました。誕生地碑については、前年に、居宅跡を旧地形のままとする、河頭石で同一仕様の碑とする、適当の数文字を簡単に彫刻する等が決められていました。また、同35年には、子どもの寅太郎が侯爵（爵位は、高い順に、公―侯―伯―子―男です）を授けられ、浄光明寺（現南洲神社）で奉告祭を行っています。

明治23（1890）年　城山公園、冷水町水源地を県より市に移管。

城山公園は、市最初の公園で15・6haです。

冷水町水源地について。鹿児島の上水道はすでに18世紀の享保年間には冷水町の湧水を水源として、石樋と石管で城下の一部に給水したのが始まりで、東京の神田上水、玉川上水に次いで古い歴史を持っています。同38年には改築工事を行い、城山に新たに造った配水池に注入し、市内一部に送水しました。


明治24（1891）年　国道鹿児島—米之津間貫通。

来日中のロシアのニコラス皇太子が、鹿児島を訪問しました。「舞踊の最も古風勇壮な」武者踊を「島津家にて覧に供せり」（「薩摩見聞記」）とあります。後、皇太子は大津で遭難（大津事件）しますが、その見舞いのため島津忠義や市長が関西まで行っています。


明治25（1892）年　市役所（今の市立美術館地）完成。

市役所は、磯の異人館と同じ形式の西洋風建物で、2階建てで2階にはベランダがついていました。建物の中は暗くて、天気のいい日などいきなり入ると映画館に入ったような感じだっ

【ニコラス皇太子（名山小）】

水道発祥の地碑

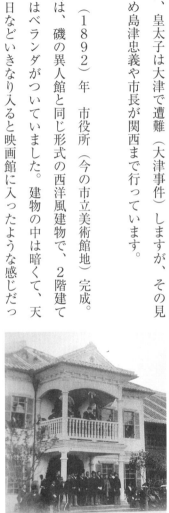

たそうです。昭和12年に現在の市役所ができるまで、46年間市役所でしたが、木造建物だったので、大正末期には相当古くなり、危険を感じるほどになっていました。

明治26年の農家戸数は５０３戸、農家人口は２４９７人です。専業が１１５戸で兼業が３８８戸、兼業率が77・１％ですが、県全体は18・９％であり、その違いが顕著です。また、漁家戸数は63戸、人口は２１５人、漁船数（小型無動力船）は30隻です。

【市役所】

明治27年には、鹿児島地方に初めて天気予報が出され、翌年にかけて赤痢・痘瘡・コレラが流行しました。山形屋で初めて商品の正札制を実施。さらに、同36年には、従来の座売式を陳列式に変更しています。

日清戦争（１８９４～95）での市出身者の戦死・戦病死者は40余名でした。

明治29年には、市部区域が改められ、県全体は１市12郡となりました。鹿児島市周辺は鹿児島郡（谷山・桜島等を含む）です。

明治30（１８９７）年　伊敷村に第四五連隊本部及び第一大隊入営。
八代―鹿児島間、鉄道敷設工事起工。

歩兵第四五連隊は、約50年間武名高い連隊として存続しました。日露戦争・シベリア出兵・満州事変・日中戦争・太平洋戦争に出兵し、特にブーゲンビル島守備の任に当たって苦難を極め（県出身戦没者は約６０００名です）、悲劇的な敗戦を迎えました。

どこに鉄道を敷設するかについて、西薩海岸線（後の鹿児島本線）、中央線（大口経由）、東部線（後の肥薩線）の３線がありましたが、計画されたのが日清戦争前だったため、国防関係から東部線となりました。

明治31（１８９８）年　小山田に発電所建設、水力発電により点灯。
　　　　　　　　　　俊寛堀埋立工事に着工。

前年に鹿児島電気株式会社が設立（昭和15年九州電力に合併）され、市内に送電が始まりました。民間で実用化したのは九州では最初で、全国でも4、5番目でした。大正9年には、電灯の需要戸数が2万戸を超えています。ランプ・ろうそくが電灯に変わったことにより、火災の発生件数も少なくなりました。

なお、ガス供給は、同43年に鹿児島瓦斯株式会社が設立されてからです。

【四五連隊】

【工事中の東部線】

この年に「薩摩見聞記」が、東京で出版されています。著者は本富《ほんぷ》安四郎で、新潟県長岡市生まれ。東京英語学校を卒業後、明治22年、25歳の時に現在のさつま町立盈進小学校教員として赴任、翌年校長となり、2年半在職しました。「薩摩見聞記」は、在職中の見聞をまとめたものです。内容は、土地・歴史・言語等22項目からなり、「記載の事實《じじつ》は明治廿《にじゅう》六年迄《まで》の状況」です。

○薩摩は本場丈《だ》けに芋の味極めて美しく、種類も亦《また》多し。俗に十一里《り》などいへるは其《その》味栗（＝九里）に超ゆるを意味し、八里半は栗に次ぐとの意なるべし。

○鹿児島にては牛肉を賣《う》る所多けれども、城外にては屠牛所多からず。

○鹿児島市中にては中中《なかなか》規模の大なる浴場もあり、湯壺より洗場まで總《すべ》て切石にて作れるを常とす。湯壺には必ず二ツ宛《ずつ》並べあり。一ツは尋常の者にて、一ツは蒸風呂なり。

○薩摩に於ては萬事萬端《ばんじばんたん》士族ならざれば夜が明けぬなり。士族も亦一《ひとつ》の名譽《めいよ》の称號《しょうごう》にして、實際眞に大なる有難味ある者を悟るべし。即ち旅店に泊りても宿帳に士族と書けば、應答《おうとう》待遇必ず他よりも鄭重なり（平民が振るわない理由として、「平民に財産なし」と「士族の多數《たすう》なること」をあげています）。

○今日薩摩に於ては（西南戦争の影響から）二十七、八歳より三、四十歳の寡婦及び壮年女子の未婚者甚だ多く、一見實に憐むべきの状あり（鹿児島市の女子超過数は、928人です）。

明治33（1900）年　県立農事試験場を下荒田に開設。

県立農学校が鹿屋に移転した後、その跡にできました。最初普通作物・園芸作物の試験を主としましたが、その後業務を拡大し、試験地も増加しました。昭和4年には、市外の中郡宇村（現鹿児島大学敷地）に新築移転。戦後に農業試験場と改称しました。その後鹿児島大学建設地に予定されたため、同32年、谷山市の新生工業跡に移転しました。

明治34（1901）年　鹿児島―国分（現在の隼人）間鉄道開通。

政府の鉄道敷設計画では、鹿児島県は第2期工事の予定でしたが、市が熊本と協力した促進運動の結果、1期繰り上げとなりました。同32年鹿児島側から着工し、駅周辺の運河も埋立てました。

鉄道以前の主な交通機関は航路でした。すでに大阪航路や大島・沖縄航路、種子島・屋久島航路が開かれていました。鹿児島港は、西日本近海航路の一大中心地でした。また、大阪航路もあったため、自動車移入も早く、この年には鹿児島―谷山間を6人乗りの乗合自動車（個人経営）が走っています。これが市内を走った最初の自動車ですが、武之橋を渡る力が弱く、乗客が降りて後ろから押していたこともあったそうです。大正末から増加し、昭和4年には320台です。昭和初期にはタクシーも登場し、料金1円で一定距離を走ったため、「円タク」と呼ばれました。

明治35（1902）年　鹿児島県教育会附属図書館開館。

県教育会は、同33年に図書館建設を決め、寄付金を募集しました。蔵書数は、1093冊でした。同45年には県に移管して、鹿児島県立図書館と改称しました。大正2年には、鹿児島県立第一中学校跡（現県民交流センター地）に移転しました。同9年からは、図書閲覧を無料としました。

市長は防火のため、土壁・石壁・瓦ぶきを市民にすすめ、井戸の所有者に「○の中に井」の木札を門に掲示するように指示しています。この年、市内に自転車出現です。同42年には567台で、自転車商・同修繕業者も12戸営業です。

県内各地への道路交通の起点として「鹿児島県里程元標《りていげんぴょう》」が建立されました。当時の場所は県庁正門前付近でした。

士族王国だった鹿児島も西南戦争以後、商業が発達したこともあって、士族ではない実業界出身の代議士が誕生しています。

里程元標

明治38（1905）年　第1回鹿児島築港改修工事竣工式。

鹿児島港は、鹿児島・宮崎・沖縄を結ぶ海上交通の中心であり、また日清戦争の勝利により、沖縄・台湾航路の寄港地としてますます重要になっていました。名山堀・滑川の土砂が埋まったため、同25～27年、水深1mの浚渫工事を行いましたが、まもなく元に戻っていました。

同34年からの工事で、港内浚渫により水深5・4m区域、3・6m区域、2m区域を設け、1500t級船舶の接岸も可能となり、さらに防波堤や物揚場等を造りました。同40年には重要港湾に指定されました。

前年からの日露戦争での県出身者の戦死者は1800余名でした。日清戦争が40余名(市出身者)ですから、戦争の規模、被害の大きさ等が全く違います。

休戦命令後、非講和大会(講和条件が国民にとっては不満な内容で、5000人参加の抗議集会)が、大門口埋立地で開催されました。写真は「六仙亭」が「露《ろ》苦《く》戰《せん》亭」と看板を変えています。

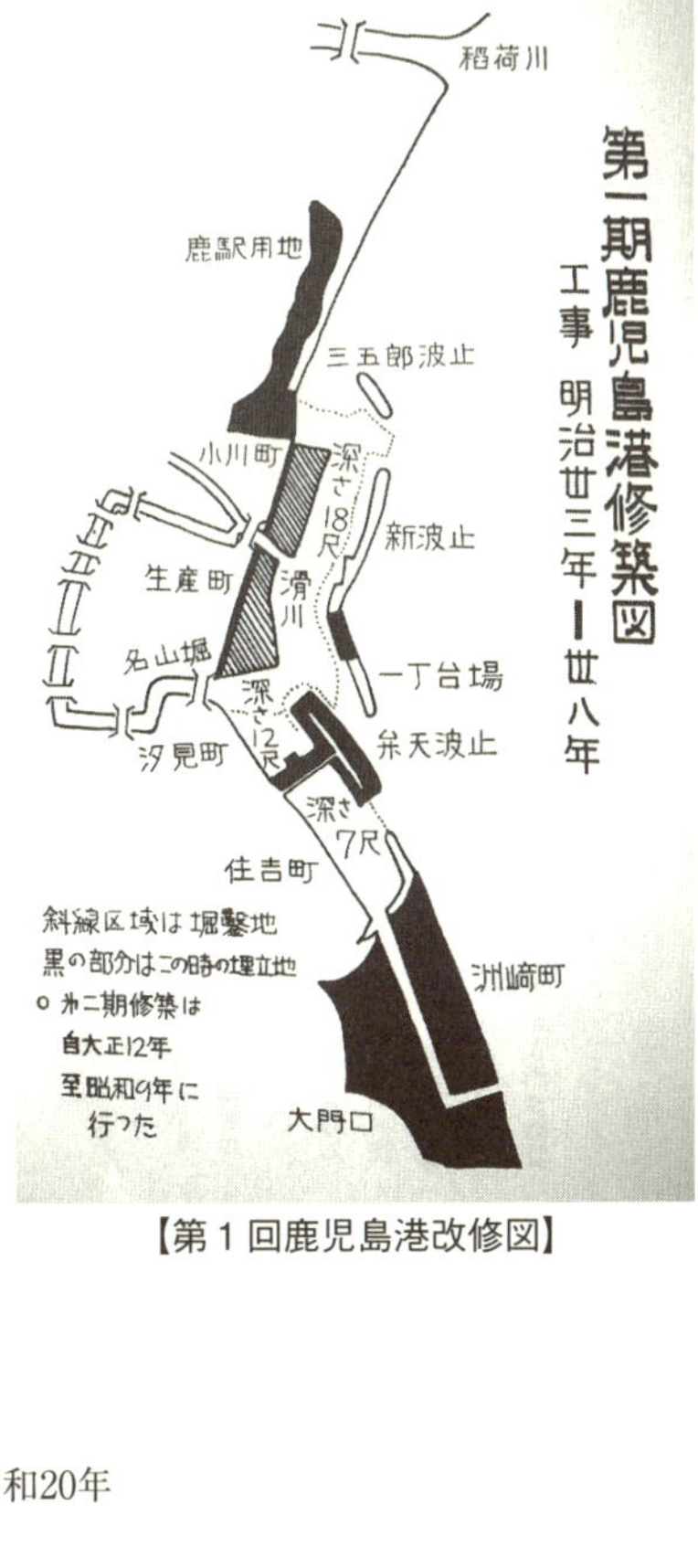

【第1回鹿児島港改修図】

【六仙亭の看板】

明治39（１９０６）年　電話交換業務開始（磁石式）。

城山配水池構内で上水道完工。

電話利用は九州で10番目でした。「電話は病気を運ぶそうではないか」などの風評もありました。

大門口下の海岸埋立地で、住吉町・堀江町・松原町に接続する地域を、それぞれの町内に編入し、その他の区域は洲崎町と命名しています。

山下町の専売局鹿児島製造所で刻み煙草の製造開始です。工員総数１２００人、日産１５０万本でした。鹿児島港と鹿児島駅を結ぶ引き込み線に沿って、この年から大正14年にかけて、石造の倉庫群が建築されました。

石造倉庫

明治40（１９０７）年　ザビエル記念教会堂設立。

市内の商業戸数は、同27年に約２５００戸（全戸数の27％）、同40年に５３７１戸（全戸数の50％近く）と、10数年の間に倍以上になっています。

【ザビエル教会】

同44年の主な商店数は、果物商３６０軒が最も多く、荒物商２１３軒、穀物商１６５軒と続きます。電気機械商３軒に対し、油商60軒、ランプ商20軒、蝋燭商10軒です。鹿児島らしいところでは、酒類商76軒、附揚《つきあげ》商60軒、沖縄・大島との貿易で砂糖商39軒、鰹節商37軒、菓子商１４０軒の他に団子商50軒です。その他、料理屋42軒、風呂屋42軒、理髪店と豆腐商１３０軒等です。

明治41（１９０８）年　監獄署、小川町から伊敷村永吉に移転。約４９５０㎡の水田を埋立てました。不燃化のため石造（一部木造）ですが、甲突川上流の河頭石を使いました。囚人を監視するため、中央の看守所から5本の囚監棟を放射状に配置（ペンシルベニヤ式）しました。現存する正門は、西洋中世の城門風のデザインです。大正11年に刑務所と改称しています。

明治42（１９０９）年　肥薩線開通（吉松―人吉間開通）。吉松―人吉間は、ループ式の難工事や日露戦争による工事の一時中断もあり、10年の歳月を要しました。門司―鹿児島間の九州幹線（この時は鹿児島本線）が完成し東京まで開通です。軍事鉄道と呼ばれました（95ページ参照）。

【この頃の鹿児島駅】

旧刑務所正門

下図は、この年の航路図です。大阪方面や沖縄、さらに台湾（基隆《キールン》）への航路があります。湾内周辺の航路も、陸上交通機関がまだ十分ではない、この頃ならではです。大正元年の鹿児島港の年間出入港汽船は、6929隻（213万2000t）に達しており、1000t前後の汽船が横付けしていました。明治中期の4倍半です。

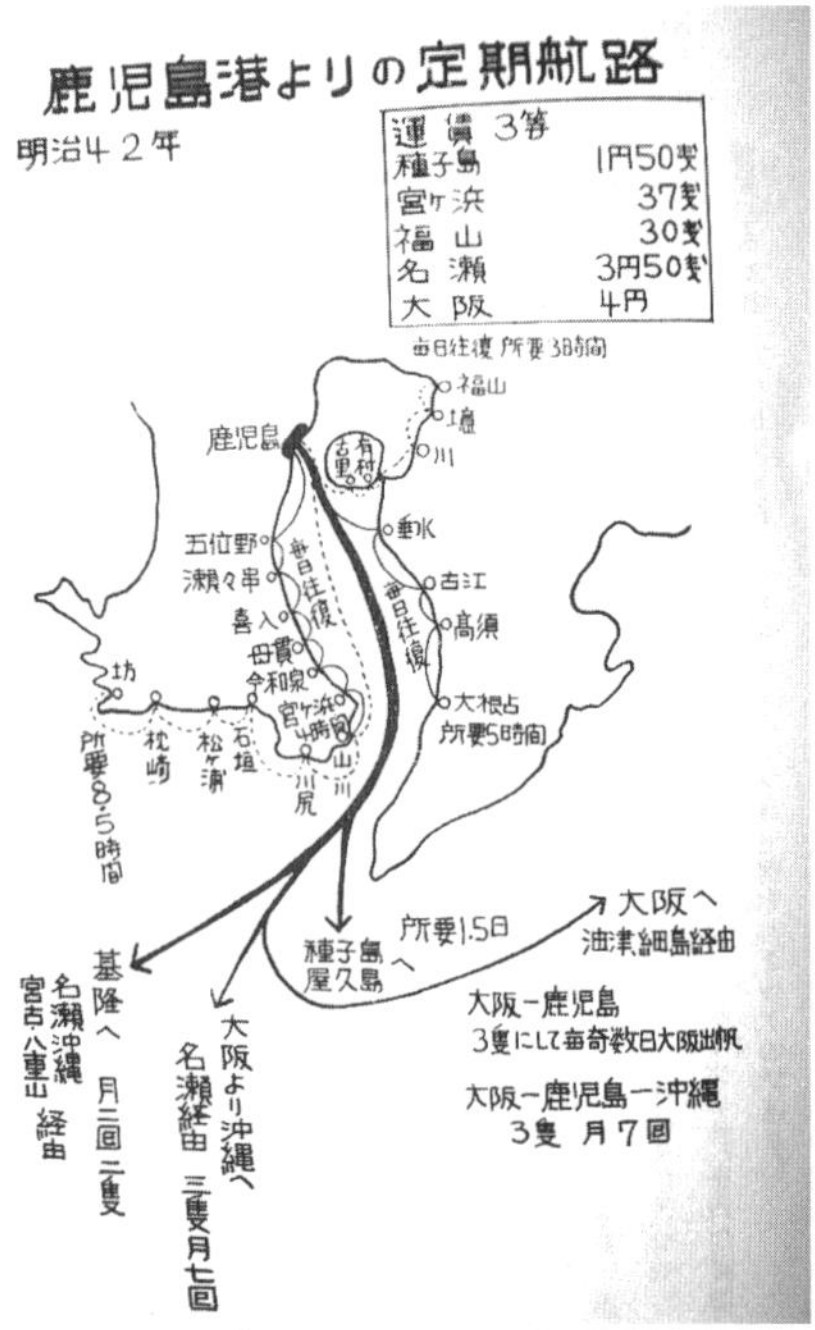

【鹿児島港航路図】

明治43年には、市の中心地にある南林寺墓地の移転が決まりました。市内に118軒の旅館があります。1～5等にランク付けされており、宿泊料の最も高い一等旅館が3円～1円20銭、最も安い五等旅館で50銭でした。わが国戦艦第1号の「薩摩」（2万t　後、軍縮のため廃艦）が入港しています。ねずみ駆除のため、懸賞買収法の実施です。

明治44（1911）年　鹿児島市第1次編入（15ページ参照）。

【明治末の鹿児島港】

名山堀埋立工事竣工。
（鶴丸城の外堀が、すべて姿を消しました）

第1次編入について。武地域はよい水田地帯だったため、財政困難であった西武田村の強い反対を受けました。同村は、熊本県の市郡の関係を調査したり、内務大臣（原敬）に反対の訴願書を提出したりしました。結果的に、紫原の一部が西武田村に譲られました。市では水田が増加、畑が減少となりました。

西郷隆盛と大久保利通の子どもである、西郷寅太郎と大久保利和から、各誕生地の寄贈がありました。その条件は、碑石とその位置を変更しない、敷地も縮小しないという2項目でした。

大正元（1912）年　鹿児島電気軌道株式会社、武之橋―谷山間の電車営業を開始。

線路はアメリカから輸入、枕木は石見（島根県）のクリ材と熊本のヒノキ材です。距離は6・4㎞、全国で28番目、車両は7台です。電車は40人乗りの木造で、人だけでなく小荷物や鮮魚類の運搬も行いました。乗車賃は、武之橋と谷山の間を6区に分け、1区間を片道2銭で全線12銭、これに通行税1銭を加えて13銭でした。午前7時までの運賃は半額

【初期の電車】

でした。当初は、電車に対する理解がなく、ぜいたくという考えもあったため、会社では、翌年に二軒茶屋付近に遊園地、同5年には鴨池に動物園を開設（107ページ参照）しました。

人力車は、明治初年からありますが、年々増加し、この頃には市内では1000台を超え、最盛期を迎えていました。明治の頃はゴムタイヤは輸入されておらず、鉄の車輪（ゴム車人力車は大正から）でした。但し、自転車の増加、電車の開通、昭和に入って自動車の出現によって、激減していきます。馬車は、明治末には県内で700台を超えていますが、市内では同39年にわずか34台でした。電車の影響は大きく、市内では昭和4年には姿を消しました。

明治屋呉服店（広馬場）が、当時西日本唯一のルネサンス様式3階建てになりました。当時は県下一の呉服店で、座売りをやめて陳列式でした。後には市電ルートも影響（明治屋と市電とに距離がありました。広馬場地区では、電車が通れば通行人がジグザグできないので、町が発展しないという考えでした）し、昭和6年に高見馬場へ移転しました。

大正2（1913）年　川内線（現在の鹿児島本線）、鹿児島—東市来間開通。

【人力車】

【明治屋】

浄光明寺墓地に南洲祠堂の本殿完工。
草牟田墓地完成。
岩崎谷・草牟田墓地間の道路工事完了。

川内線開通の際、川内線武駅として開設されたのが現在の鹿児島中央駅です。昭和2年に、川内線が鹿児島本線となった（114ページ参照）時に、西鹿児島駅と改称されました。鉄道の旅客数は明治末には30万人弱でしたが、大正11年には100万人を、昭和14年には200万人を超えています。

明治期設立の会社が主に甲突川以北なのに対し、大正期には甲突川以南にも分散してきました。これは川内線の開通や市電の延長で、交通上非常に便利になってきたためです。

南洲祠堂は、同13年、南洲神社となりました。南洲墓地には、749基の墓石があり、西郷軍の戦死者2023名が葬られています。草牟田墓地は、南林寺墓地の移転先です。南林寺墓地はこの年に埋葬を禁止し、同10年末には10数万墓の墓石などの移転を終了しました。

鹿児島座が天文館に開場です。入場定員1300名の九州最大の劇場でした。その後次々に映画館などができました。文化向上に大きな役割を果たしましたが、同7年、火災で焼失しました。天文館がにぎやかとなり、1000日分の人が1日で通るということで、「千日通り」となりました。

大正3（1914）年　桜島大爆発（1／12）。

前日の午後から強震とともに地鳴りを感じたり、白煙の噴出がみられたりしました。12日午前10時頃、2カ所の大噴火口とその下方一帯に10数個の噴火口を生じ、大噴煙が3万尺（約1万m）の高さに噴き上がりました。午後6時頃突然激震が起こり、13日午前1時頃が最も噴火が激しくなりました。流出した溶岩によって、桜島と大隅半島が陸続きになりました。地震のために電灯が消え、鉄道も不便、通信が途絶えたこともあって、一時は「鹿児島全市に生物なし」の誤報も流れたといわれます。溶岩の流入によって、真冬の海は水泳が出来るほどの温度になりました。市内の被害は甚大で、死者13名、傷者99名、全倒家屋39戸を数えました。桜島では死者2名、行方不明23名。消失家屋2144戸、6集落が溶岩の下に埋没しました（『鹿児島の近現代』より）。桜島では、噴火前の避難や噴火後も速やかな脱出がありました。農作物の被害も大きく、米は3分の1、小麦は2割3分強、果実は1割4分の収穫でした。爆発以来生活に困窮する市民2000人、戸別数613戸です。

【桜島大爆発】

埋まった鳥居

四五連隊は、その日から全市内の護衛に入り、1週間後市民が帰り始めてから隊数を半減し、市が全面的に平静になってから伊敷に引揚げました。警察の不眠不休の活躍もあり、市内では火事1件、コソ泥1つ起こらなかったといわれています。

塩屋町海岸や天保山西半分、与次郎ヶ浜一帯は製塩が盛んで、20町歩ほどありましたが、爆発時の土地沈降と波で水浸しとなり、大きな被害を受けました。大正末には全くなくなりました。なお、与次郎ヶ浜の地名は、斉興の時代（天保年間）に藩の命令で、赤穂の塩田を視察し、独力で約3万坪の塩田開発を行った、平田与次郎からきています。

桜島では、当時の人口の約4分の1にあたる約5600人が島外に移住しました。

【くずれた石垣（市内）】

大正5（1916）年　高見橋の渡初式。

　　　　　　鴨池動物園（3500坪）開園。

高見橋（幅員6・3m、延長50m）は、武駅と加治屋町方面を結ぶためで、市政施行後初めての橋でした。木橋でしたので、昭和8年鉄筋コンクリート橋に架け替えました。

鴨池動物園は、東京の上野、京都の円山《まるやま》、大阪の天王寺についで全国で4番目、九州では唯一の動物園でした。当時は遊園地が中心で、動物は猿・オウム・九官鳥・鶴などの飼育にすぎませんでした。昭和5年（この時は市営）には九州最初のゾウの購入と象舎も完成し、同11年には約500種と動物の種類も増加したため、全国的に広く注目されました。

郷土出身の西の海の横綱免状授与式があり、翌年には西の海一行が来鹿し、市内で興業しました。西南戦争で亡くなった桐野利秋、篠原国幹、大山綱良、桂久武、村田新八が贈位されています。

大正6（1917）年　天保山公園開設。

公園は従来の自然公園としての目的から、同12年の関東大震災以後は防災も加わり、昭和3年に鴨池公園、同4年に多賀山公園と祇園之洲公園、同5年南林寺公園、同10年東郷墓地公園などが開設されました。

この頃は景気がよく、この年から同10年にかけて、24の近代的な工場（会社）も現れ、資本金500万円を最高に、100万円を超える工場も5つありました。大島紬もブームとなります。市内でも生産が多くなり、市内の工場数243のうち、約76%の185が紬工場でした。同10年がピーク

《鴨池動物園》

【大正初年の天文館】

ですが、その後は不況となり、急激に減少していきます。

電灯需要は、発電設備の増大に伴い、大正2年には1600戸から8200戸に急増し、この年には2万戸を突破し、市街には無電灯の家はほとんどなくなりました。

山形屋が地上4階地下1階のルネサンス式鉄骨鉄筋コンクリート造り（鹿児島では初）になりました。西日本では大阪の三越支店に次ぐものでした。エレベーターも初めて導入（アメリカから輸入）され、地下から屋上まで約25秒でした。あまりの大きさに「地駄《じだ》がズンベリそうな家ナァ」といわれました。


大正7（1918）年　百四十七銀行全面改築。

ルネサンス式鉄筋コンクリート2階建てで、現在の鹿児島銀行本館別館です。県内では、現存する最も古い鉄筋コンクリートの建物です。


大正8（1919）年　上之原配水池用地内で、上水道通水。

鹿児島市立教育参考館開館。

【山形屋】

鹿児島銀行本館別館

鹿児島港開港（開港とは、直接外国貿易のできる港になることです）。

鹿児島港開港以前は、輸入船は長崎港で関税手続きを済ませ、その後鹿児島港に入港するため、とても不便で不利でした。輸入実績を見ると、大正８年が55万円なのに対し、翌９年には３６０万円、同14年には１５３１万円まで増えています。全国で38番目で、九州でも13番目でした。25年間も運動して、ようやくの開港認可ですが、重要な輸出入品がなかったことがその理由です。

この水道工事は、大正４年から始められ、当時の市全域に給水が開始されました。水源は地下湧水（1日1万４０００㎥）です。給水人口は、大正元年の人口7万３４０３人をもとに、大正24年には10万人に達するとし、給水量は、１人１日平均３立方尺（約０・08㎥）としていました。この工事の際、消火栓４７０個も設置されました。この工事がすべて完成したのは同11年で、市民の４分の１が水道を利用することになりました。

鹿児島市立教育参考館は、東京にあった高倉典侍《てんじ》（明治天皇の皇后に忠勤を励んだ人　典侍とは宮中女官の職名）の旧宅を南洲神社の隣接地に移築したもので、西郷隆盛を中心とする郷土偉人の遺品多数を陳列しました。

【教育参考館】

大正９（１９２０）年　鹿児島市第２次編入（15ページ参照）。

薩摩義士碑完成。

編入について。原良屠殺場は元々市の経営でしたが、永吉地区を市に編入する「代償條件」(「伊敷村誌」)として、伊敷村が経営権と建物等を無償で譲り受けました。この時点では、場所が永吉だったので、同12年に伊敷へ移転しました。

市電は、路線の延長(武之橋―鹿児島駅、高見馬場―武駅、柿本寺(加治屋町)―下伊敷間)で、大正5年には1日平均の利用者が5165人なのに対し、同10年には2万6176人に増えました。

第1回の国勢調査を実施。宣伝歌は「名前、生まれ日、その仕事、位置も住所もいつわらず、こまかに記せ人ごとに」。市の人口は12万2000余人で、推定を2万人ほど上回りました。

大正10(1921)年　名山堀公設市場開店。

公設市場は、不況の中で、雑貨・日用品・食料品の販売に関して、低価格を主眼としました。他にもできましたが、この時代の社会政策的施設の1つです。初の市営住宅11棟が草牟田町に、翌年には騎射場と薬師町に建設です。

市内永吉町・原良町及び市外伊敷村の小作人107人が、地主17人に対し、小作料減額の要求争議をおこしています。全国的な米騒動が起こっ

【名山堀公設市場】

たのは、同7年でした。小作争議は、県内では同8年に初めて起こります。その後は毎年あり、同9～13年は１００件を超えました。

南林寺墓地跡地が市街地となり、天文館付近の繁栄につながりました。翌年には電話局開局、同13年に南林寺町誕生、同14年に火見櫓完成です。火見櫓は鉄骨の高さ30ｍぐらいで、戦争中は防空監視所として城山頂上に移設されました。


大正年間の商業戸数を見ると、同元年に５４５２戸、同10年に９４４１戸と、10年間に１・７倍に増加しています。同15年の営業別では明治年間と大まかには変わりません（１００ページ参照）が、明治には20軒のランプ商が０です。鉄道開通によって、汽車弁当屋１軒が営業し、写真機械材料店２軒、万年筆屋２軒も時代を感じさせます。

大正11年には、鹿児島警察署に初めて交通巡査が配置されました。天文館通りを安全地帯に指定し、午後７時～11時は車馬の通行禁止です。

大正12（１９２３）年　県立工業試験場（高麗町）設立。染色・機織の２部でした。昭和４年に原良町に移転し、醸造・玉糸製

【大正10年の市街地】

糸・撚糸・図案の４部を増設し、他に原料糸検査部もあり、７部となりました。昭和34年には武町に移転しています。

大正８年に近代的都市整備のための都市計画法が公布されましたが、４年後のこの年に指定です。

鹿児島本線の門司港と鹿児島駅の間に、急行列車が初登場です。

大正13年には、同６年に創立された鹿児島紡織（郡元に工場）が、大日本紡績と合併（不況によるものです）し、同社鹿児島工場となりました。男女従業員１９００余名に及ぶ、戦前では市内最大の工場でしたが、戦災で焼失しました。

大正14（１９２５）年　鹿児島県庁舎新築落成。

丸屋呉服店、いづろ通りから呉服町へ移転。

旧県庁は、中央公園付近にありましたが、当時の表玄関の鹿児島駅近くに移転です。ネオルネサンス様式で、玄関ポーチにはドリス様式の柱を左右に２本ずつ配置しました。

大阪商船会社が、基隆（台湾）線と翌年には盤谷《バンコク》（韓国）線の鹿児島寄港を開始しました。

この年、自転車は６４８７台、自動車も１２７台（同８年は16台）です。

旧県庁正面玄関

90歳以上の長寿者、市内に28人生存の記録があります。

昭和元（正確には大正15年）年には、市章が制定されました。島津家の紋章「丸に十の字」と「市」の文字を図案化したものです。

昭和2（1927）年　鹿児島市公会堂落成（現中央公民館）。

鹿児島県立図書館落成（現県立博物館）。

米ノ津―八代間開通（現鹿児島本線完成）。

鹿児島市公会堂は、昭和天皇の御成婚の記念事業として企画されました。敷地は、県庁が移転し、旧庁舎跡を県が市に譲渡したものです。当初は木造で3000人収容の予定でしたが、大阪市の中之島公会堂を範とし、鉄筋コンクリートです。鹿児島県立図書館は、鉄筋3階建て（一部4階建て）865坪で完成しました。規模が広壮で設備が優れており、公会堂・図書館とも九州一と称されました。

旧鹿児島本線（現在の肥薩線）は、国防上の見地から海岸線を避けて、吉松―人吉を結ぶ山岳地帯に敷設されましたが、新鉄道は、鹿児島―八代間の所要時間が1時間以上も短縮されました。

市公会堂（現中央公民館）

【大正14年の鹿児島港】

尚古集成館について。大正4年に集成館は閉鎖されましたが、同12年に、島津忠重（島津家30代当主）は旧集成館跡に残存する石造建物1棟を修築して、尚古集成館と名付けました。尚古集成館は、島津家から市に経営を委託されました。

日本全国で金融恐慌となりました。特に、第十五銀行（三井銀行の前身）の休業（4月〜翌年4月）は大きな衝撃でした。この銀行は、島津家の資本が投資されていたため、鹿児島に支店が置かれ、県内に強固な基盤を持っていました。「2月、市の物価前月より低落、卸《おろし》小売とも依然として落調」です。不況が続きます。

県立図書館（現博物館）

昭和3（1928）年　鹿児島電気軌道株式会社を市が買収（市電発足）。

鹿児島市社会事業協会設立。

買収については、会社が昭和初年頃から経営難に陥り、金融恐慌の影響もあって廃止の声まで出始めたり、国鉄指宿線の実現も決定（谷山までの電車線を国鉄に売却する計画もありました）したりしたため、軌道施設（当時は15・288km、車両52台）と遊園地施設を買収しました。同13年には、東京市電より電車10両を譲り受け、62両となりました。

鹿児島市社会事業協会は、同5年、南林寺町に鹿児島実費診療所を設置しました。

本市で初めての道路舗装工事をしました。天文館通り角からいづろ通り角で、翌年完工です。基礎には桜島の溶岩を使用し、表面はアスファルトブロック（結果的に修理に不便）で舗装しました。

昭和4（1929）年　照国神社大鳥居（高さ20m幅16m）竣工。
　　　　　　　　　市営バス伊敷線他5線営業開始。
　　　　　　　　　南林寺町公益質舗開設。

前年に電車は市電となりましたが、買収契約外だった自動車部門で、鹿児島乗合自動車株式会社（通称青バス）ができました。青バスによって市電の収入が減少したため、市営バスの営業を始めました。翌5年には、初めての女性車掌が登場しています。ライバル関係でしたが、同6年には、青バスも市が買収しました。市電は、柿本寺―高見馬場間の復線工事完了と上町線竪馬場―柳町間の軌道延長です。

昭和2年に庶民の簡易な金融機関として、公益質舗法が成立していました。当時、九州では八幡市（現在の北九州市八幡区）だけが実施していました。同年には、金融恐慌がいよいよ深刻化し、当分の間銀行預金の払い戻しは500円以下、と申合わせたほどでした。同13年には武町公益質舗

【昭和初期のバス】

照国神社大鳥居

も開設です。金利は1口10円につき6カ月まで1分2厘5毛の低利でした。

昭和5年には、指宿線の西鹿児島―五位野間開通です。同9年に指宿、同11年に山川まで開通です。市内の空き家が2064軒となり、大豊作で米価が大暴落し、大正6年以来の安値でした。

昭和6（1931）年　城山公園の自動車道路開さく工事竣工。

鹿児島商工会議所主催、国産振興博覧会開催。

県教育会館新築落成。

【高見馬場電停】

自動車道路開さく工事については、史跡や自然破壊等の理由で反対運動がおこりました。工事には在郷軍人1500人が参加しました。城山が「史蹟・天然記念物（約10・9ha）」に指定されたため、車での通行は禁止されました。同9年には、岩崎谷から草牟田墓地まで1266mの改修工事も行われました。

国産振興博覧会は、鴨池で45日間の開催でした。不況打開のため計画されたものです。「県下失業者4500余人、生活困窮者1800余人」です。

昭和7年には日豊線全通です。「日満親善のため満州国協和会代表使節及び満州青年連盟代表来鹿」です。時代の大きな変化を感じますね。

昭和8年には、鹿児島測候所が改築落成（137ページ参照）です。北朝鮮—鹿児島—台湾間に河南丸が就航し、翌年には鹿児島、長崎経由大連間の定期航路（毎月3回就航）も開始されました。

昭和9（1934）年　天保山護岸工事竣工。

第2回鹿児島港修築工事竣工式。

鹿児島市第3次編入（16ページ参照）。

天保山護岸工事（延長736m）の際、天保山地区15万9000㎡の埋立ても行いました。

鹿児島港は、大正8年の開港以後、出入船舶は増大し、また大型化してきたため、従来の港湾施設能力では限界に達していました。この工事は、大正12年から11年かけて行われ、北防波堤（260m）と南防波堤（4

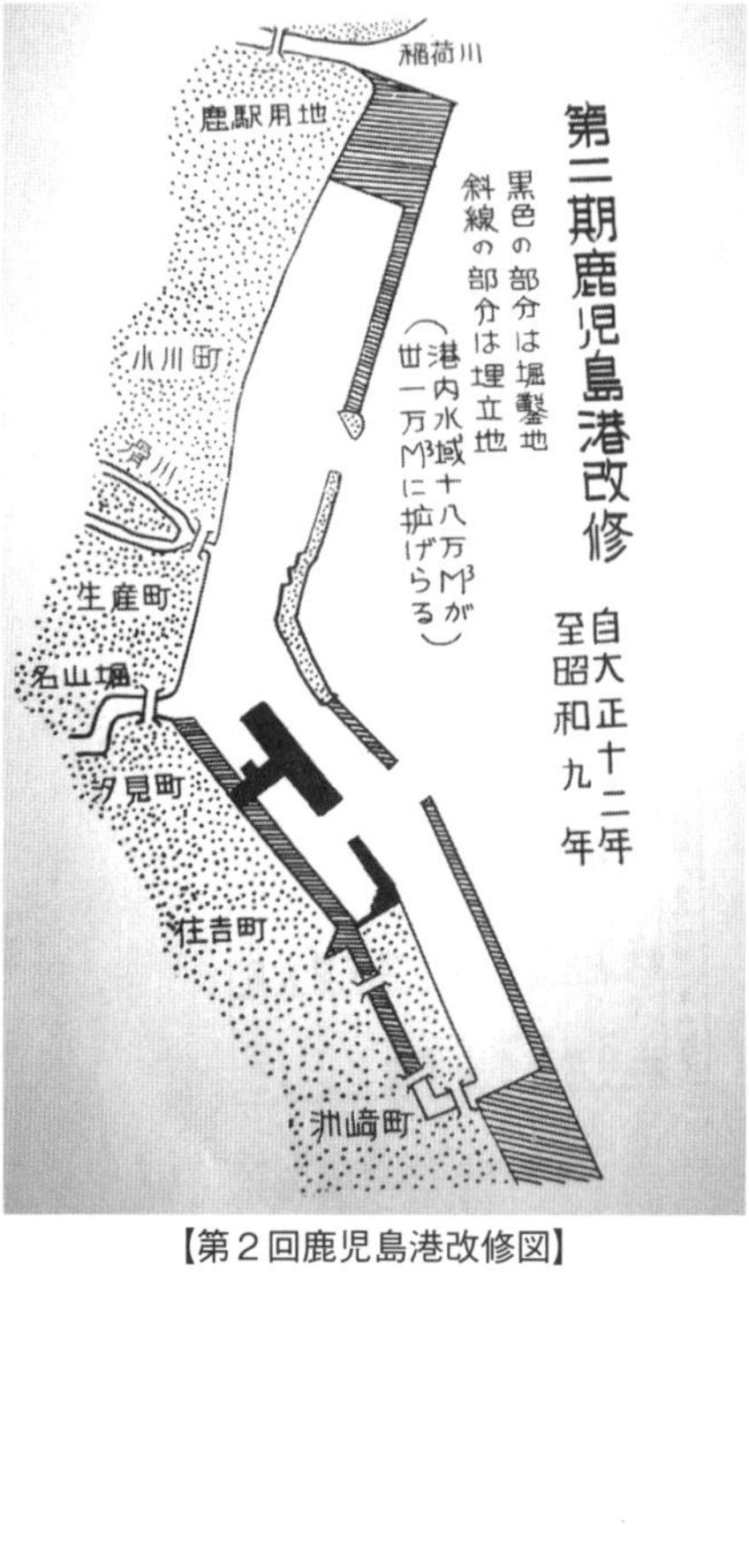

【第2回鹿児島港改修図】

【鹿児島測候所（気象台）】

50m）を新設し、港内水域は、18万㎡から31万㎡になりました。港内の浚渫も行われ、水深7・5m区域、5・5m区域、3m区域です。ぼさど桟橋付近は220m（水深7・5m）の岸壁が完成し、3000t級の船舶も横付けできました。さらに同13年までの工事で、陸上施設の整備や臨港道路を設けるなどして、本港は現在の形を整えるに至ります。同30年代には、水深7・9m岸壁110mが完成し、水深5・5m、岸壁160mの改良工事を行っています。

この年、指宿線が指宿まで開通しますが、これを転機として乗降客数は西鹿児島駅が次第に鹿児島駅を凌ぐようになりました。荷物出入数は鹿児島港に近接している鹿児島駅が優位です。

この編入によって、面積は全国第12位、九州では福岡に次いで第2位です。人口は全国で第19位です。市議5名増で41名。農家戸数が前年の376戸から4030戸に激増し、専業農家も3017戸で74・9％と増え、割合が県全体とほぼ同様になっています。天保山は下荒田町から分離して、天保山町となりました。また、漁家戸数についても、中郡宇村の関係からかなり増加しました。

なお、伊敷村は編入の希望が強く、同16・17年には署名運動まで起こりますが、県は谷山町の編入に賛成しただけでした。戦後に持ち越しです。

連合艦隊が入港しています。60～70隻で、磯浜前から谷山沖まで停泊しました。

昭和10（1935）年　焼却炉（田上町前ヶ迫と吉野町坂元）落成。

NHK鹿児島放送局、電波放送開始。

（熊本・福岡・小倉・長崎に続いて九州で5番目、天保山に開局です）

県立鴨池種畜場（養豚・養鶏の改良が目的）完成。

2つの焼却炉の合計処理能力は約90tでした。それまで収集された塵芥《じんかい》（ごみ・ちり）の大部分は洲崎ちり捨場に集められ、埋立投棄という非衛生的な方法で処理されていました。従来の6倍程度の1日約60tの収集処理でした。

11月、陸軍特別大演習が鹿児島で実施され、大元帥（昭和天皇）が滞在しました。この関係から、高麗橋から加治屋町電停への道路が「みゆき通り」（みゆき＝御幸）となりました。東郷平八郎元帥の多賀山墓地も完成です。

昭和元年からの10年間に、甲突川以南は人口が1万7500余人増えたのに対し、以北は約5000人の減少です。人口比も北と南は、大正元年は100対24なのに対し、昭和16年には100対92、戦後の同23年には100対108となっています。

昭和11（1936）年　中央卸売市場落成。

（日本で7番目、九州では最初の施設です）

《野外劇場》

鴨池公園に白亜の野外劇場竣工。

高島屋呉服店、天文館へ移転開業。

滝之神水源地完工。

野外劇場は、鴨池公会堂が全焼した後、館内舞台を利用して造られました。

滝之神水源地について。湧水は、1日1万8000㎥です。その他、拡張工事や給配水布設工事をして、同14年には、給水戸数1万9111戸、給水人口12万4908人で、全体の77％になり、配水管も18万9435mに延長されました。

高島屋は、山形屋の現金正札に対し、職業婦人を主な対象として、月賦販売で利益をあげました。

昭和12（1937）年　陸軍大将礼装の南洲翁銅像（安藤照作）設置。

新市役所竣工。

桜島溶岩道路完成。

無尽会社支店（現南日本銀行本店）完成。

新市役所は、延べ建坪2198坪、正面3階、背面2階、一部地下室の鉄筋コンクリート造り、部屋数85です。設計は大蔵省営繕管財局工務部です。同部は、国会議事堂完成後、全国の公共施設の設計・建築に携わって

【市役所】

いた、当時最高の建築集団です。外壁は淡黄色の明るい感じで、2階の屋上にさらに増築できるようになっており、通風採光もよく、玄関からの出入りも便利でした。構造が立派で規模が大きいことは、当時全国の市庁舎でも数少ないといわれました。戦前には、門《もん》もありました。

無尽会社は、同17年に本社を鹿児島市に移します。同26年に旭相互銀行、平成元年に南日本銀行となりました。ルネサンス様式とセセッション様式との混合で、近代から現代への過渡期の建築物です。

市で初の停止線を天文館通りに設定しています。

昭和13（1938）年　郡元町境ヶ浜で鹿児島飛行場の起工式。
　　唐湊市営火葬場落成。
　　唐湊・城山・宇宿の3墓地新設。

鹿児島飛行場は、市営の国際飛行場の予定でしたが、海軍の軍用飛行場として完成です。軍の関係で、日本上空は外国の飛行機を飛ばせられず、鹿児島飛行場が外国飛行機の離着陸地となりました。日本内地へは鹿児島で日本の飛行機に乗り換える計画でした。候補地としては、他に吉野、紫

南日本銀行本店

【唐湊火葬場】

原、谷山の小松原海岸等がありました。小松原が最適でしたが、市外のため却下でした。

火葬場について。大正の頃までは土葬が多く火葬は少なかったのですが、昭和に入って火葬が増え、同12年には死者2445名のうち、土葬1462名、火葬983名です。それまで火葬は民間業者が行っていました。松材で焼くきわめて原始的な方法でした。原良町に建設予定でしたが、反対が強く、建設も延期されました。建設の翌年には、2943名中1629名が火葬でした。

大正中期、大島紬や紡績業がとても盛んでしたが、昭和に入り、工場は3分の1、この年には全体の1割ほどです。逆に、多くなってきたのが製材業です。国際状況から輸入木材が少なくなったため、製材工場が織物工場の2倍になりました。全国的に日本の森林が大量に伐採されました。

白米が店頭から消え、七分搗《しちぶづき》（玄米をついて外皮の7割だけ取り去った米）と胚芽米が登場です。市営バスが木炭車の運転を開始しています。

ヒットラーユーゲント一行31人が来鹿し、磯島津別邸で、県市主催の午餐会が開かれました。


昭和14（1939）年　鹿児島県傷痍軍人職業補導所（草牟田町）竣工。

鹿児島市歴史館竣工。

城南小学校前天保山~鴨池~南鹿児島駅の道路完成。

（現在の国道225号線　海岸線で景色がよく、観光道路ともいわれた）

鹿児島市歴史館は、鶴丸城二の丸跡（現鹿児島市立美術館地）にあり、鉄筋コンクリート造りに日本風の屋根をのせていました。同20年の空襲で、外郭のみを残して焼失しました。

観光道路の一部として、同10年には天保山橋（橋の上部は日本式、橋脚は西洋式）ができました。幅員13・5m、延長112mです。市と南薩方面を結ぶ道路事情は大きく変わりました。なお、歴史館と天保山橋の造りは、ナショナリズムの台頭という当時の世相を反映しています。桜島溶岩道路（総延長1万6311m）も完成しています。

【昭和40年の天保山橋】

鹿児島港の旅客数は、同11年の約2・7倍に増加しています。木材の輸出（満州国等、大陸への輸出が中心です）も大幅に増え、開港以来輸入が多かった鹿児島港が初めて輸出が輸入を上回りました。欧米諸国との関係が悪くなり、アメリカ・カナダからの木材輸入がとだえたためです。

昭和15（1940）年　鳥越配水池竣工。
　鹿児島地方海軍人事部、新庁舎竣工（山下町）移転。
　鴨池総合運動場竣工。
「銃後国民精神振興健康増進のため桜島登山を実施」「節米運動の強化により、カルカン並びにカルカン饅頭の製造を中止」。昭和に入って激減していた人力車でしたが、燃料確保のため「県人力車協会発足」です。戦争遂行目的のため、新税法となり、所得税対象者が多くなり、給料差し引きの「源泉徴収」の始まりです。物品税も始まり、犬・猫1割、カルカン等の菓子類1割です。

「紀元二六〇〇年奉祝式典挙行」の年でもありました。「紀元」とは、日本書紀の記述に基づいて、神武天皇即位の年を西暦の紀元前660年としたもので、ちょうど2600年でした。「ゼロ戦」は「零式艦上戦闘機」の略ですが、この年に造られ、2600の「00」からきています。

昭和16（1941）年　町内会隣組誕生。県青年団結成。

12月に太平洋戦争が始まった年ですが、「市商工課、幽霊人口一掃のため砂糖購入券の再調査を開始」「燃料節約のため、市内バスの運転時間を縮小」「燈火用石油を市内281軒の無電灯家屋に切符制配給」「金属類の特別回収及び銅像の回収運動開始」「焼酎の切符制配給実施（12月）」です。

銅像供出については、楠正成や西郷隆盛など数名を除いて、全員供出です。西郷については、上野を残し鹿児島は供出予定でした。

昭和17年には、市内一円の大きな隣組が結成されました。「家庭用石けん、パン、豆腐、肉類の切符制実施」「魚類、野菜、鶏卵の登録配給制実施」です。

【戦時下の軍事訓練】

11月、関門海底トンネル（３６１４ｍ）が開通して、九州と本州が鉄道で初めて結ばれました。

昭和18（１９４３）年　日本銀行鹿児島支店開店。

鹿児島海軍航空隊が、鴨池陸上競技場と鴨池野球場を、土曜日の午後及び日曜日以外に、練習場として使用しています。島津３公銅像の応召が決定し、銅像供出壮行式もありましたが、供出遅延のため残りました。

「日本百貨店組合鹿児島支部、商品の米英敵性語を一掃」「薪炭の配給統制実施」です。市は防空課を新設し、課長以下10人の職員を配置です。

「防空対策上」の指令があり、鴨池動物園で猛獣処理を行いました。

市の人口が推計で20万人に達しています。翌年の人口調査では、18万９９９１人です。

昭和19（１９４４）年　沖縄本土疎開船の第一陣８３００人が上陸。

大防空壕の起工式。

（照国神社横～新照院町電停　戦争が激しくなれば、市役所や官公署等を移転する予定でした）

【日本銀行鹿児島支店】

《動物慰霊祭》

沖縄本土疎開船が鹿児島港上陸（8／23）の前日、同じ疎開船の対馬丸が悪石島付近で沈没しました。1600余名（内学童700名）中、生存者一般人168名、学童59名です。

「県下の料理屋、カフェー等全部休業」、「魚の一元化配給に伴い、輸送に市営バス使用」です。

11月には、疎開事務所ができました。空襲対策として、一定の地域を指定して、その区域内の建物全部を取り壊すという建物疎開です。建物数340、坪数1万1000余坪です。

市役所が、庁舎を黒の迷彩色に塗り替えています。

【防空演習】

昭和20年の空襲は、3~8月まで全部で8回です。

① 3／18 郡元町海軍航空隊被災、死者6名、負傷者59名。

② 4／8 田上町、上荒田町、平之町、加治屋町、東千石町、新照院町に大型爆弾を投下。死者587名、負傷者42名。前ページの大防空壕入り口が250kg爆弾の直撃を受け、数十人が生き埋めになりました。

③ 4／21 長田町、山下町、東千石町、山之口町、樋之口町、平之町、城山トンネル入口に時限爆弾を投下。一定の時間をおいて破裂し始め、5月末頃まで破裂し続けました。

④ 5／12 初の夜間空襲、港湾地帯が被災。

⑤　6／17　米軍機百数十機の大編隊が1時間の間に、市内一円に焼夷弾（長さ約50㎝、直径10㎝の八角形で、中に油脂が入っていた。）推定13万個を投下。死者2316名、負傷者3500名。罹災人口6万6134名の多数にのぼり、疎開者も出たため、市内の人口は27日には9万3032名にまで減少しました。市交通課も焼夷弾爆撃で電車62両中27両焼失、バス45台中42台焼失、その他主要施設が壊滅し、自動車営業を中止しました。

なお、焼夷弾には不発弾もあり、要領よくふたを取れば、弾の中の油脂を台所の火付けに利用できました（生きていく上での逞《たくま》しさを感じますね）。

⑥　7／27　鹿児島駅、車町、恵美須町、柳町、和泉屋町を爆撃、死者420名、負傷者650名。空襲時、鹿児島駅のホームに満員列車（ほとんど軍人）が2本停車していました。駅職員は女子9名を含む12名が犠牲となりました。

⑦　7／30　鹿児島駅、清水町、池之上町、上竜尾町、下竜尾町を爆撃。

⑧　8／6　上荒田町、原良町、薬師町被災。

8回の空襲により、死者3329名、負傷者4633名、行方不明35名、その他10万7388名、合計11万5385名（昭和20年初期人口の66％）に達しました。死者数では、城山や甲突川方面の

【空襲前の天文館】

広場に避難した方が比較的少なく、防空壕に頼っていた者が9割以上を占めました。市街地の93％にあたる1079万㎡を焼失し、被災戸数は2万1961戸（全体の57％）にのぼりました。戦災面積では、東京・大阪・名古屋・横浜・神戸・川崎に次ぐ規模でした。

県内に巨大な軍需工場はありませんでしたが、各地に飛行場があり、本土決戦に備えての軍隊が野営していたので、鹿児島市をはじめ、全県下にわたって空襲被害を受けました。

県庁以下、多くの公共建物や主要工場も被災しました。市役所は、5発の焼夷弾が屋根を突き破り、火災が発生しましたが、初期消火で消し止めました。また、県立図書館も4階に土を搬入していたため、延焼を免れました。戦後の11月には、図書閲覧・貸出を始めました。

なお、市の大きな戦災としては、1863年の薩英戦争、明治10年の西南戦争と3回です。

7／29には、空襲が激しくなり、上の原配水池に市役所を移転しました。上水道導水用のトンネルの途中からさらに横にトンネルを掘り、市の重要書類を運び込み、一部執務もしていました。湿気で大変でした。

同年8月31日の人口調査では、市の人口は19万870人で、910世帯3558人が横穴生活です。

【戦災直後の市街】

終戦後、占領軍の鹿児島軍政部が、市役所に本部を設置し、2階の一部を接収しました。返還されたのは、同24年11月、鹿児島民事部（軍政部が同23年11月に改称）の閉鎖時でした。軍政部については、行き過ぎた干渉や、県民の生活感情を無視した無理な要求もありましたが、政治・社会・教育等、あらゆる面において、封建的といわれた鹿児島に新しい民主主義の路線をひきました。環境衛生では、上下水道に塩素、全市にＤＤＴ消毒など効果をあげ、その後、同27年に市が実施した「蚊とハエのいない市民運動」のさきがけとなりました。

11／10　外地復員引揚民援護事務局設置（県庁跡地）。
11／21　市電復旧。
12／9　進駐軍を迎えて市民運動会を鴨池陸上競技場で開催。
12月　鹿児島港、引揚者揚陸地に指定され、上陸を開始。

引揚者揚陸地としては、九州では佐世保と2港でした。引揚者数は、33万412人です。同時に、台湾や南西諸島に帰る人たちの送還もあり、鹿児島港からの送還者は5万4773人でした。生産力が弱く、出稼ぎ者の多かった本県では、引揚者が県民の1割を占め、同23年4月の本市の引揚

【終戦直後の壕生活】

【終戦後のヤミ市】

人口は市民の16％にもなる多さでした。

公益質舗（116ページ参照）について。武町は空襲のため営業停止ですが、南林寺は7月に焼土の中を再開します。その後、同26年に西田で、同31年に郡元で営業を開始しました。

第8章　戦後〜現在

昭和21（1946）年　門司―鹿児島間に戦後初の急行列車開通。
市民大運動会開催。
社名変更により、南日本新聞社誕生。

南日本新聞の前身は、明治15年創刊の鹿児島新聞です。同32年創刊の鹿児島実業新聞（大正2年に、朝日通りにあることから鹿児島朝日新聞と改称、同14年易居町の旧南日本新聞社地に社屋建設です）もあり、両者が昭和17年合併して、鹿児島日報となっていました。

ヤミ市場撲滅のため、5カ所に自由市場を開設するなど、復興も徐々に進みますが、「住宅難のため鹿児島市横穴生活者なお400余人」（5／4）です。

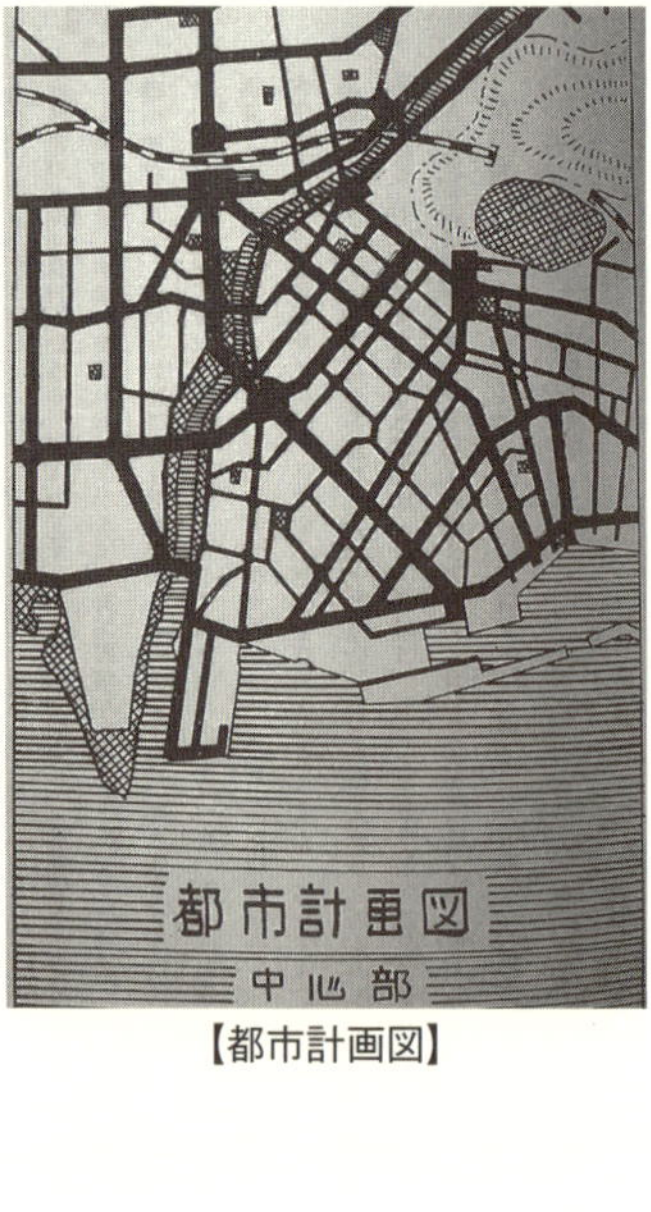

【都市計画図】

9月には、戦災復興都市計画が決定しました。当初454万坪余の予定でしたが、同25年に292万坪に変更しました。西駅前広場に大幅道路5と普通道路4の計9、新屋敷町に大幅道路5となりますが、この放射型が特徴でした。西駅は市の表玄関ですし、新屋敷町は、当初の計画ではこの広場周辺に官公庁を集中させる予定でした。これに基づいて、市役所裏にあった鹿児島市警察署が移転となり、現在の中央警察署となります。

道路の幅員別構成では、従来西鹿児島駅と鹿児島駅を結ぶ電車通線の幅員18mが最大でしたが、市役所前、照国神社前、新屋敷と中央市場を結ぶ松原通線の3本を50mの幅員としました。さらに36m道路として5本を設け、防火帯としての役目も持たせました。広場も6カ所、約5万㎡近くを計画し、最も広い西鹿児島駅前広場が2万㎡です。

換地の方法による復興計画への住民の不満、道路が広すぎるとの反対、復興補助費削減（復興事業は、当初国8割、県1割、市1割の予定でしたが、国5割、県1割7分、市3割3分となりました）による経費難などもありましたが、結果的には、名古屋（約1045万坪）・東京（約677万坪）に次ぐ全国第3位の広さ（約313万坪）で、現在の鹿児島市街地につながります。

【新屋敷ロータリー】

【50m道路　現パース通】

復興計画は、昭和25年度で終わる予定でしたが、実際は同34年度まで延びました。その後も区画整理は続けられ、36年の歳月を要しました。実施工区は、草牟田・城西・武・中洲・鴨池・上荒田・中郡・宇宿・下荒田・城南・中央・上町の12工区です。

市営バスの営業も開始され、この年度末には電車52両、バス15台を確保しました。営業キロ数は電車で13km、バスで20kmでした。

昭和23（1948）年　鹿児島市立病院開設。
鹿児島市警察署誕生。
東京―鹿児島間直通列車再開。

戦後の自治体警察は、市及び人口5000人以上の町村に置かれました。所要経費も各市町村が負担しましたが、同26年の改正法により全国の8割の自治体警察が廃止され、県警察ができたため、同29年には鹿児島市警察署も廃止されました。

鹿児島港は戦災復旧工事（5カ年継続）にかかり、同26年には重要港湾として認可されています。

復興記念碑

【荒田川工事】

昭和24（1949）年　西鹿児島駅、新駅舎完成（翌年には鹿児島駅も新駅舎完成です）。

市保健所発足（山下町）。

市保健所は、もとは同19年創設の県立鹿児島保健所です。戦後山下町に移転したりモデル保健所となったりしましたが、政令により市に移管されました。この頃には環境衛生に対する関心も高まり、蚊・ハエ等の駆除（226ページ参照）が進められました。その結果、同31年10月の調査では、408世帯が全く蚊帳《かや》を吊らなかったとしています。

戦後の農地改革によって、終戦時43・8％の自作農家が66・3％に増え、小作農家は21・0％から10・9％に減少（自作・小作両方の農家は省く）しています。

市制60周年記念として初のおはら祭り（祇園祭は翌年）実施です。不況打開の意味もありました。

6月には、昭和天皇が、市を巡幸されました。完成したばかりの甲突橋の渡り初めをしています。

なお、市税滞納費が3000万円で、中心となる市民税の納入は58％です。「犬税」もあって、これは80％です（「市政だより」26年2月号より）。

昭和25（1950）年　九州ステートフェア開催。鴨池陸上競技場竣工。

鹿児島市第4次編入（16ページ参照）。

第４次編入によって、人口は全国第18位、九州で第４位です。編入された伊敷村と東桜島村は農村地帯のため、農家戸数が９４５０戸（市全体の18％）、農家人口も５万１１０５人（23％）と増えました。前年に、伊敷村は編入に関する村民投票を行い、４分の３以上が賛成していました。

この年、上水道が戦前の２万戸に回復しました。戦災で、配水管延長17万４０００ｍのうち、48％が破壊され、また水源地や集水池も爆撃され、断水状態で、修理をしても漏水率90％でした。

九州ステートフェアは、県農事試験場の50周年を記念した農業振興博覧会です。試験場を西会場、鴨池動物園を東会場とし、47日間の開催でした。西会場ではＮＨＫ開発のテレビジョンが初公開され、東会場ではウォーターシュート（高さ15ｍの台上から30ｍの軌道を滑る）が人気でした。ウォーターシュートは東京の豊島園と奈良のアヤメ池にしかありませんでした。

昭和26（１９５１）年　鹿児島郵便局、武町に移転。

鹿児島郵便局の移転は、西鹿児島駅の本駅化と国鉄輸送との関係からです。旧郵便局が東郵便局です。同43年には、地下１階地上４階のビルを新築して、鹿児島中央郵便局と改称です。

10月には、ルース台風が襲来しました。市では最低気圧９４８・２ミリバル、最大瞬間風速46・５ｍ、市内被害死亡13名、重傷５名、軽傷35名、罹災者11万

【ルース台風日豊線被害】

５５８４名、家屋全壊２５０５戸、半壊３５６０戸等でした。台風は住宅問題にも大きな影響（戦後の慢性的な住宅不足から同24年度までには被災戸数の65％まで復旧していた）を与えました。同26年、鹿児島市住宅協会（同41年に鹿児島市住宅公社と改称）を設立しました。

鴨池動物園にタイ国からゾウ２頭（オス１頭、メス１頭）が送られてきました。他には上野にオス２頭、名古屋にメス２頭の時代で、この年の県内10大ニュースの第１位です。直後の日曜日は３万人の入園者（開園以来の新記録）となりました。

《ゾウの歓迎式》

昭和27（１９５２）年　日豊線、西鹿児島駅始発となる。

鹿児島測候所、鹿児島地方気象台に昇格。

鹿児島測候所は、明治16年に易居町で開所し、その後、坂元さらに大正４年に上荒田町です。昭和８年に、鉄筋コンクリート３階（一部４階）になりました。平成６年、郡元に移転です。

この年から南港付近の埋立工事が始まり、同35年度までに埋立地35万５９００㎡、以前からの土地42万５１００㎡、計78万１０００㎡の工業用地を造成しています。

４月、長田町から、ラジオの過熱による火災が発生し、民家32戸を焼失、さらに鹿児島県立大学病院11棟を全焼、国立鹿児島大学一般教養部に飛火し、戦後最大の火災となりました。

昭和28（1953）年　県立博物館開館（興業館の建物です）。

鹿児島港駅営業開始。

ラジオ南日本（現在のMBC）放送開始。

鹿児島港線は、旧中央市場（鹿児島港駅）と鹿児島駅を結ぶ、約1・6㎞の貨物路線（同24年完成）です。同59年に廃止です。

戦時中（同19年）黒の迷彩色に塗りかえた市庁舎の塗り替えが始まり、納屋通りにシルバーアーケードが完成しています。

昭和29（1954）年　市立美術館開館。

平田橋竣工。

市立美術館は、空襲で外郭のみを残した市立歴史館を修築したもので、鉄筋2階建て千鳥破風造りの建物を本館としました。九州初の美術館です。

平田橋は、幅員8・30ｍ、延長52ｍでした。薩摩義士200年祭の年であり、平田靱負らの遺徳を伝えるために平田橋となりました。その他同31年、稲荷川に戸柱橋（幅員7・70ｍ、延長24ｍ）、新川に鶴ヶ崎橋（幅員12

【市立美術館】

【昭和29年の金生通】

ｍ、延長30ｍ）、同23年完工だった甲突橋（幅員６ｍ、延長50ｍ）は木橋だったため、同32年に鋼板桁鉄筋コンクリートに架け替えました。寺山・大崎鼻地区の観光開発のため、雀ヶ宮から道路改修を行い、幅員６ｍ、延長８０００ｍの道路完成です。

昭和30（１９５５）年　鹿児島大学医学部付属病院竣工。
下水道第１期工事竣工、操業開始。

付属病院は、同27年の長田町大火で焼失した時は、鹿児島県立大学医学部（１３７ページ及び２２７ページ参照）でした。鉄筋４階建てです。

下水道第１期工事は、甲突川以北の３００haの区域に居住する７万人余の汚水処理を対象に、同27年から汚水管布設工事と汚水処理場建設工事が同時に始められました。台所と便所の汚れだけを扱う（雨水は除外）分流式で、経済面を考慮したものでした。下水道事業は、大阪以西では最初でしたが、同35年からは第２期工事が、甲突川以南の14万人分の汚水処理を対象として進められました。同42年の処理面積は５１０ha、処理人口は10万３０４２人です。市全体の39％にあたり、全国平均（約17％）をかなり

【大学病院】

【下水処理場】

上回っています。

国道10号線の拡張に伴い、長さ２００ｍの私学校跡の石垣を13ｍ移動していますが、原形のまま移築しました。石塀に碁盤の目のように30㎝おきに線を引き、さらに各石に番号を入れ、それを写真に撮り、解体後、そのまま復元したのです。

昭和31（１９５６）年　西鹿児島駅―都城駅間、ディーゼルカー開通。
東京―鹿児島間急行「さつま」号開通。

特急では、同33年に東京―鹿児島間特急「はやぶさ」号開通。同39年に新幹線開通と関連して、鹿児島本線経由新大阪―西鹿児島間特急「あかつき」号、京都―西鹿児島間特急「かもめ」号、日豊本線経由東京―西鹿児島間「富士」号運行開始です。

高島屋ビルの壁を壊し、アーケード化しています。

この年の3月、わが国で最初の集団就職列車が鹿児島駅を出発しています。３５０人で、途中乗車を合わせると６０１人でした。鹿児島の過疎化の始まりにもなりますが、集団就職列車は、同49年まで続けられ、計２４

【移設前の私学校跡石垣】

【高島屋】

6本、14万人以上になります。

昭和32（1957）年　鹿児島空港開港、民間定期航空開始。

鹿児島市食肉センター竣工。

桜島一周道路の完成。

市役所の増築工事が、8月と同34年3月の2回にわたって行われ、本館の側面と背面の2階部分を3階にしました。

鹿児島空港は、前年に第二種空港に指定され、滑走路（1200m）整備工事や通信施設等の新設工事が行われました。その後、滑走路嵩上げや空港ターミナルビルも完成しました。同36年には、沖縄国際線が開設（沖縄の復帰前です）されたり国内定期路線も増設されたりして、利用者数は、翌33年は1万8238人ですが、同40年には33万6594人です。同39～42年にかけて、滑走路を1720mに拡張しました。

昭和30年の桜島大爆発に伴い、桜島一周の避難道路の完成が急がれました。市は、自衛隊に依頼して工事を進め、同31年に25日間で幅員6m、延長420mの道路が完成しました。同32年には延長8620mの道路が2

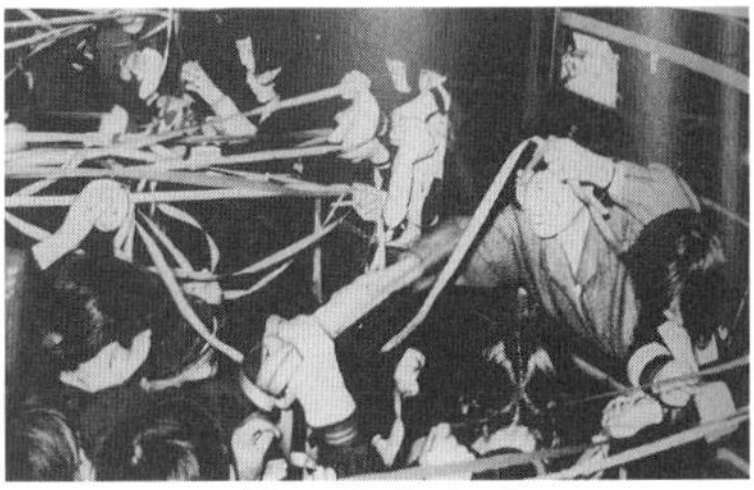

【集団就職列車】

【鹿児島空港】

カ月余で完成し、市施工の２３４０ｍと合計して、延長1万１３８０ｍの一周道路となりました。避難だけでなく、観光にも役立ちました。

昭和33（１９５８）年　ＮＨＫ鹿児島テレビ局開局、初放送。

鳥越トンネル工事開通式（31年10月着工）。

荒田川公有水面埋立竣工。

鳥越トンネルは、坑門口を普通部分より2ｍ広げて、ラッパ状です。わが国では初めての設計で、自動車の出入りに安定感とスピード感を与えました。鴨池動物園内に鴨池水族館が開館し、天文館公園もプール開きです。この年から、一部防塵舗装が行われました。予算不足のため、仮舗装ながらの簡易工法です。

「町を静かにする運動」も始まりました。大阪市が最初ですが、自動車やオートバイの増加、歩行者訓練（マナー）の不足等の交通事情が関係しました。なお、歩行者訓練に関して、歩車道の区別のある道路は、戦前は南林寺町に1本あっただけでした。

市政だよりで、「明年からメートル法、ます目はリットル、重さはグラム」

【天文館公園プール】

【防塵舗装工事】

「今から使いなれよう」と呼びかけています。

昭和34（1959）年　ラジオ南日本（MBC）テレビ放送開始。

長田陸橋完成（幅員12ｍ、延長9・5ｍ）。

鹿児島毎日新聞設立。

（同37年、鹿児島新報社と変更、平成14年廃刊）

この年から、西鹿児島駅の利用者数が鹿児島駅を上回っています。鹿児島駅は終戦直後をピークとして減少し、昭和41年にはピーク時の半分です。西鹿児島駅は特に同37年以降の増加傾向が大きく、同41年までの10年間に約2倍に増加しました。これは、山川・指宿方面と霧島・宮崎方面の中継地として、西鹿児島駅の地位が高まったためです。

同42年には、急行、特急の始発は西鹿児島駅に一元化されました。

昭和35（1960）年　鹿児島市、ナポリ市と姉妹都市盟約宣言。

曙（中洲）陸橋竣工（幅員14ｍ、延長28ｍ）。

鹿児島県体育館完成。

【長田陸橋】

【西鹿児島駅】

鹿児島がナポリに似ていることから、同30年に鹿児島市が市の写真を送り、翌年ナポリ市から写真が送られたことがきっかけです。宣言は、鹿児島・東京・ローマ・ナポリの４カ所で同時に行われました。ナポリ訪問親善使節団が派遣され、１カ月、１万５０００㎞の洋上航行を経て、ナポリ市に着きました。西鹿児島駅前の昭和通り（駅前広場から甲突橋までの７８５ｍ）を「ナポリ通り」とし、ナポリ市にも「鹿児島通り」ができました。

天文館通り２丁目のアーケードが完成しています。

昭和36（１９６１）年　市民憲章制定（全国で10番目でした）。

丸屋デパート開店（地下１階地上３階、同42年に６階建てに増築です）。

市電は清水町まで延長され、軌道が19・３８８㎞になりました。戦後毎年のように延長が続きますが、同34年には大学通―郡元間の軌道延長が完成し、市内で初めての循環線の運転開始（12月）と、下伊敷―伊敷間の延長運行（４月）でした。

この頃から本格的な車社会ですが、桜島フェリーでみると、昭和35年から

【かごしま丸ナポリへ出発】

【丸屋】

同41年の間に、バスは１８４７台から９１３３台へ約5倍、乗用車は５１６５台から８万６２０４台と約17倍の増加です。

道路整備について。市内を通る国道・県道などの幹線道路は比較的早く整備され、36年度末には、前者が68％、後者は40％舗装済み、38年度末には１００％と57％になっています。しかし、市道は遅れ、類似都市の７・８％に比べ、４・５％です。

【城山遊楽園】

昭和37年には、第十管区海上保安本部発足、ＮＨＫ鹿児島放送会館落成、京都大学桜島観測所開所、市中央卸売市場の果実売り場完成です。

昭和38（１９６３）年　西鹿児島駅前広場に噴水池完成。
鹿児島大学桜島地震観測所開所。

従来の住宅表示は必ずしも順序よく番地が並んでおらず、不便なこともあったため、新しい住宅表示制度が採用されました。前年に、自治省は、鹿児島市を住居表示法に基づく、整備都市に指定していました。これに伴い町名変更もありました。甲突川北部地域から始まり、１回目では洲崎町が廃止され、錦江・城南・千日の各町が、同40年には、汐見・六日・築・生産の各

【移設前の鴨池電停】

町が廃止され、照国・城山・名山の各町が生まれ、同42年には、和泉屋・恵美須・車・栄・向江の各町が廃止され、上本・大竜の各町が生まれました。鴨池・郡元電停を移設しています。

昭和39（1964）年　鹿児島電話局、全国即時網編入。

武之橋竣工（幅員30m、延長70m）。

鴨池動物園の「夢の子供遊園地」が完成しました。遊園地には、モノレール（東京オリンピックにちなんでオリンピア号）もありました。

「防犯灯で街を明るくする運動」「社会を明るくする運動」実施です。

2月、県は鹿児島谷山臨海工業地帯の造成計画を公表しました。後の谷山市との合併につながります。

昭和40（1965）年　田上町に市コンポスト工場（じんかい高速堆肥処理施設）落成。

鹿児島新港北岸完工。

唐湊地下道（幅員8・5m、延長75m）完成。

《オリンピア号》

【聖火県庁入り】

コンポスト工場は、ゴミをコンポスト（堆肥）に変える施設です。処理能力は1日50tで、同41年には隣接地に焼却炉（広木清掃工場）が完成（処理能力1日80t）しました。じんかいの衛生的終末処理を進め、特にハエの駆除に大きく寄与していますが、排出量の増大には追いつけず、年間総排出量約5万tの60％が埋立へ棄却されていました。

市と谷山・南薩方面を結ぶ国道225号線が幅員6mで、交通事情は飽和状態にあったため、海岸側に付け替え、同時に幅員を25mに拡大しました（同35年着工）。

高島屋の電車通りの歩道にはみ出した部分を除去しました（140ページ参照）。電車通りに面した部分が5階建て、天文館通り側が4階建てでした。

昭和41（1966）年　紫原団地完成。
河頭浄水場完工。
鹿児島客車基地完成。
鹿児島南港完成。
県文化センター（地上4階地下2階）開館。

【広木清掃工場】

【河頭浄水場】

武町の県工業試験場が大火のため、工場全部を焼失しています。

紫原団地は、紫原台地（標高70ｍ）に宅地開発したもので、同35年に着工しました。事業区域は１４２haで、この後続く大型団地造成の先駆けです。

河頭浄水場は、甲突川の表流水を1日約4万㎥取水しています。これまでは湧水、地下水のみでしたが、これにより、42％が湧水、19％が地下水、39％が表流水となりました。

鹿児島南港について。戦後、沖縄・大島航路や船舶の大型化で、本港だけでは不十分になっていました。そこで、旧海軍が港湾造成途中で放棄していた南港を、木材取扱専用港として活用することになり、同27年着工、同35年一部完工していました。その後石油配分基地および建設資材取扱港としての港湾築造が行われました。２０００t級2バース、５０００t級9バースです。

その後、1万t級以上の大型船の接岸が困難なこともあり、「鹿児島新港」が計画されました。昭和34～39年度の第1期工事では、防波堤及び岸壁を築造、５０００t級の水深7・5ｍ1バース等の北埠頭が完成し、船舶の接岸が可能となりました。第2期工事の南埠頭は、1万t級の水深9ｍ1バースを始め、５０００t級2バース等の繫船能力があり、その整備は同41年に完了しました。

道路舗装について。市内の国道は舗装率１００％ですが、県道は80％です。幅員20ｍ以上の市道は95％ですが、20ｍ未満の道路は未舗装が多く、市道全体の舗装率はわずかに7％です。

昭和42（1967）年

鹿児島本線（東市来～鹿児島間）複線化の起工式。

市役所別館（地上4階地下1階）開館。

新港埋立地に、中央市場、魚類市場完成。

天保山大橋（幅員25ｍ、延長136ｍ）完成。

溜池立体橋完成（国道225号線と紫原を結ぶ。延長116・7ｍ）。

谷山市と合併し、新鹿児島市誕生（4／29）。

市では、鹿児島・谷山臨海工業地帯の12万9000㎡の埋立工事を完了しました。県も隣接地の谷山干拓地の造成を進めました。

「新屋敷町のロータリー、交通安全のため廃止（6月、九州で初めての四現式信号登場）」です。電車のワンマンカーも運行開始です。

【昭和42年の市街】

12月、公害防止のため「公害対策協議会」を開催しています。

鹿児島市と谷山市の合併については、昭和39年に寺園勝志県知事から両市に合併推進の要請があり、翌年には、谷山鹿児島合併協議会が発足し、合併へと動きます。知事の要請根拠は、次の3点です。

① 南港から谷山の7・7㎞の海岸線に、臨海工業地帯の造成計画が県議会で決定し、昭和40年度から計画を実行に移す予定であったこと。

【合併式】

②　両市が独立していては、政治的に財政的に、また工業誘致を図るためにも非常な困難と不利が生じるということ。
③　人口50万の中規模地方開発都市建設の政府計画構想にも添うこと。

合併に至った最大の理由は、人口の過密化に悩む鹿児島市が、宅地と水を谷山側に求め、谷山市は、行政力の強化で将来の発展を願ったからです。昭和30年代以降、旧鹿児島市から旧谷山市に移り住む人が急増し、同一生活圏のようになっていました。

合併式は、国道225号線の宇宿町付近で行われました。全国で18番目の規模です。

なお、双方にあった「塩屋町」と「中町」については、塩屋町は旧鹿児島市が「甲突町」、旧谷山市が「谷山塩屋町」に、中町は旧鹿児島市はそのまま、旧谷山市が「中山町」と決まりました。

昭和43（1968）年　明治100年を記念して、市木と市花を決定。
（市民の投票結果、市木はクス、市花はキョウチクトウと決まりました）

【市木クス】

【市花キョウチクトウ】

鹿児島郵便局を中央郵便局に、谷山郵便局を鹿児島南郵便局に改称。

慈眼寺団地の着工。

（硬い岩盤で、鹿児島では珍しいダイナマイトの発破作業の連続でした）

明治100年記念事業としては、記念祝典、記念会館・記念公園の建設、記念出版の3つです。県立青少年研修センター、黎明館、南洲公園（市整備）、県立吉野公園等ができました。出版では、多くの青少年向け歴史読み物が刊行され、鹿児島県史料集刊行は、現在も続き、90冊以上です。

昭和44（1969）年　鹿児島テレビ（KTS）放送開始。

脇田処理場竣工。

（同47年増設し、1日370kℓの処理能力です）

鹿児島南警察署開庁。

唐湊陸橋（幅員約8m、延長165・2m）完成。

8／28に、40万都市に仲間入りしました。全国で20番目です。

山形県鶴岡市と兄弟都市の盟約を結びました。明治維新の時、旧庄内藩に対する西郷隆盛の寛大な措置による「徳の交わり」がきっかけです。

徳の交わり像

世界最大の日石喜入基地が操業開始です。当時の日本の石油消費量の約2週間分に当たる735

万kℓの貯油能力がありました。

昭和45（1970）年　市消防本部が2署制を実施（中央消防署・南消防署）。
熊本～鹿児島間全線電化完成（鹿児島本線の全電化）。
東京と鹿児島間にジェット機の直行便が就航。
与次郎ヶ浜埋立工事が水搬送工法で完成。
谷山港開港。

与次郎ヶ浜埋立工事は、城山団地造成（46・3ha、1500戸を超す宅地）と、そこで出た土砂を6000mを超すパイプラインで送って埋め立てた（109ha）もので、その工法が全国的にも注目されました。なお、同52年完成の人工島（新祇園洲町）も催馬楽の山を削っての水搬送工法です。住宅表示が、初めて紫原地区で、「○○丁目」です。

【水搬送工法】

昭和46（1971）年　鹿児島西警察署発足（中央署、南署との3署体制）。
鹿児島市旗の制定です。市旗は、太陽国体の前年、鹿児島市民の連帯感を強め、古い伝統を守り、明日への発展を願う、との意味を込めて制定されました。

宝暦治水工事をきっかけとする鹿児島県と岐阜県の姉妹県盟約が結ばれました。
ＮＨＫ総合テレビが全面カラーとなり、世界最大のタンカー日石丸（37万２０００ｔ、全長３４７ｍ）が喜入港に初入港し、原油39万７０００㎘を陸揚げしました。

昭和47（１９７２）年　高速フェリー「さんふらわあ」就航。
旧鴨池空港閉鎖（３／31）。
中央保健所、新屋敷町から鴨池町へ移転。
鹿児島谷山１区港開港。
第27回国民体育大会（太陽国体）開催。
平川動物公園開園。
町制施行により、吉田村から吉田町へ。

【太陽国体】

太陽国体に関連して、県の施設として、東開庭球場、鴨池公園水泳プール、県武道館、補助体育館が完成しました。また、主会場の鴨池運動公園では、陸上競技場と野球場、補助競技場と庭球場が完成し、同48年に鴨池運動公園が開園しました。
平川動物公園は、広さ29haで、九州一の規模でした。入口近くのアフリカ園は、アフリカの草原をイメージし、動物が暮らすという、今の動物展示の先駆けで全国的にも珍しいものでした。

鹿児島市民歌の制定です。全国から公募し、作詞は小山田町の高城俊男氏、作曲は中田喜直氏です。

3月に、西田（同44年には営業閉鎖）、南林寺の両公益質舗と授産所が廃止されました。授産所は昭和23年開設でしたが、時代の流れを感じさせます。

昭和48（1973）年　第18回全国菓子博覧会開催（与次郎ヶ浜）。

石川島播磨重工業（ＩＨＩ）の1号用地Ｂ区への進出が決定しました。ＩＨＩは、翌年用地売買契約を締結し、鋼船修理と陸上機械製作の予定でした。後者では、この事業分野では、当時国内最大規模の進出でしたが、前者については、造船業界の構造的不況から、本格的進出ができず、平成14年には、鹿児島からの撤退を発表しました。

県内初の高速道路、九州縦貫自動車道の薩摩吉田～加治木間17・3㎞が開通しています。

昭和49（1974）年　南部処理場・脇田分場処理開始。
パース市と姉妹都市の盟約を結ぶ。

【ＩＨＩ工場】

【アフリカ園（昭和49年）】

（両市とも「32度の緯度にある都市」ということがきっかけです）

鹿児島大学附属病院、宇宿町にオープン（地下2階地上8階）。

谷山2号用地に鹿児島総合卸商業団地が落成。

南海フェリー（鴨池～垂水間）が就航。

この年、市の人口は45万人を超えました。鴨池海浜ニュータウンの造成が終わりました。


昭和40年代は、50万都市づくりの基盤整備が画期的に進んだ時期です。

まず、公有水面埋立事業（「谷山市」関係も含む）について。

	造成年度	面積（ha）	利用業種（計画等）
東開町工業用地	昭和40	約92	木材団地
1号用地A区	49～54	225	機械金属、住宅産業等
B区	47～52	205	造船、造船関連
2号用地	42～46	約266	飼料工場地帯の形成
3号用地	44～47	約54	木材加工団地
4号用地	38～40	25	機械金属団地
与次郎ヶ浜	41～47	109	総合観光施設建設

【臨海工業地帯全景】

祇園之洲	47～52	約8	上町地区の振興のため

谷山地区の用地の使用目的が工業団地であるのに対し、他２地区の目的・用途が全く違っています。

次に、住宅団地造成事業について。

５ha以上の宅地開発は、昭和63年度までに48カ所で行われます。平野を取り囲むように、標高１００m前後のシラス台地の高台に建設されました。昭和35年着工の紫原団地が最初で、同61年には、市内最後のマンモス団地として伊敷ニュータウンが造成着工しています。その大半が昭和40～50年代に集中（30年代は９０００戸弱、40年代は約３万３０００戸、50年代は約１万４０００戸、60年代以降は約３０００戸です）しており、総計画戸数は６万戸近くになります。

１０００戸を超える大型開発は、城山、玉里、緑が丘、伊敷、花野、千年、原良、武岡、武岡ハイランド、西郷、紫原、星ヶ峯・皇徳寺・伊敷の各ニュータウン等です。計画戸数では、紫原団地の７３２６が最も多く、以下、星ヶ峯、桜ヶ丘、皇徳寺と続きます。

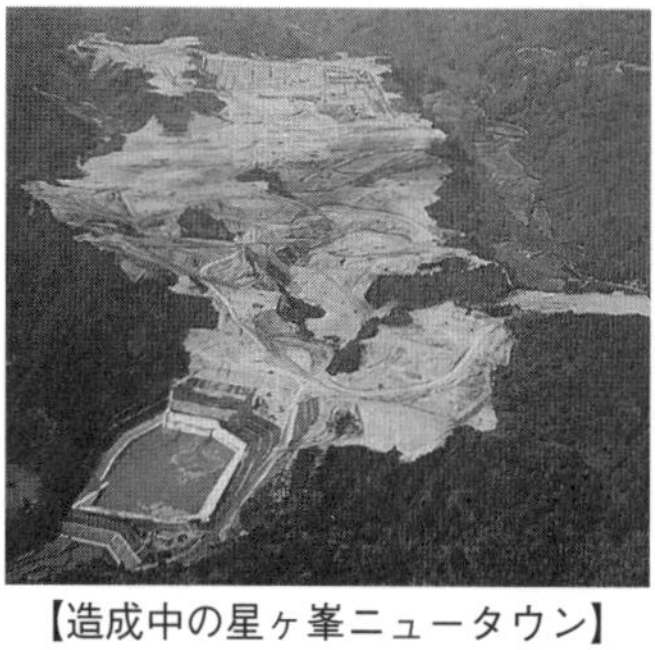
【造成中の星ヶ峯ニュータウン】

市の土地利用としては、台地が住宅地、平野（低地）が商業・業務地域、工業地域及び住宅地の２つに大別できます。

昭和50（1975）年　滝之神浄水場（1日最大処理能力4万t）完成。

武岡墓地完成。

武岡墓地の他、明治44年草牟田墓地、昭和11年唐湊墓地、同39年万田ヶ宇都墓地、同58年川上墓園、同61年星ヶ峯墓園等、市営墓地は18カ所です。

市電を、鹿児島駅前─交通局経由─谷山、清水町─西鹿児島駅前経由─郡元、鹿児島駅─伊敷町の3系統に再編成しています。

昭和51（1976）年　中央卸売市場の青果市場、東開町へ移転。

産業道路完成（笹貫バイパスも開通です）。

新市場は、1日に野菜45万人分、果物85万人分の取引ができ、1400台の駐車場、3600tの大型冷蔵庫を備えています。旧市場と比較にならない広さに、「これで市民の胃袋も安心」と言われたほどでした。

平川動物公園に南米ペルーからラマ、アルパカが仲間入りです。主な動物としては、同59年にオーストラリア・クイーンズランド州からコアラ雄2頭、同60年に長沙市からシロサイと雲豹《ウンピョウ》（鹿児島市からはシマウマとマントヒ

【産業道路】

【中央卸売市場】

ヒ）、同63年にレッサーパンダ、平成23年にホワイトタイガー等です。
桜島町の赤水～横山間の国道２２４号線で、桜島避難道路が完成です。

昭和52年には、指宿スカイラインの頴娃～谷山間29㎞が開通し、鹿児島県社会福祉センターが鴨池新町に完成です。


昭和53（１９７８）年　北部清掃工場操業開始（１日に１５０ｔを処理できる焼却炉を3基備えています）。

谷山支所庁舎オープン。

4月に、活動火山対策特別措置法が制定され、鹿児島市、垂水市及び桜島町の区域が降灰防除地域として指定されました。


昭和54（１９７９）年　南部処理場処理開始。

（汚水管は９５７㎞で、１日に11ｔ処理できます）

当時世界最大の周遊船（全長２９４ｍ）だったクイーンエリザベスⅡ世号が、谷山港に初入港です。外国観光船の寄港は、昭和45年が初めてです。

大久保利通像が甲突川河畔に建立されました。ちなみに、西郷隆盛像の建

【北部清掃工場】

【南部処理場】

立は昭和12年です。42年の差があります。

昭和55（1980）年　県立図書館、視聴覚センターが開館。

河頭浄水場、甲突川石井手取水場通水。

（同59年には、1日最大処理能力を4万tから11万tに拡張しています）

推定人口が50万人を突破しています。人口が50万人を超えたのは、全国で18番目、九州では北九州市・福岡市・熊本市に次いで4番目でした。谷山地区も人口10万人突破です。同42年の合併当時は4万4000人程度でしたが、平成7年には15万人を超え、現在は約16万人です。下の写真2枚は、東谷山地区の上空写真です。「二十一年前の写真を見つめて、現在の笹貫バイパスの分岐点を探し出すことのできる人が何人いるだろうか。」とコメント（『市民フォト鹿児島』8号）しています。

昭和56年には、博物館が開館（旧県立図書館を改装）し、国立南九州中央病院が私学校跡地に開院（地上8階、その後、九州循環器病センター、鹿児島医療センターと改称）しました。

【昭和36年の東谷山上空】

【昭和57年の東谷山上空】

昭和57（1982）年　谷山七ッ島に県営サンライフプールがオープン。

鹿児島放送（KKB）開局。

市民文化ホール竣工（工期は約2年、翌年2月開館、大・中・小の3ホールがあります）。

市民文化ホール

中華人民共和国長沙市と友好都市を締結。

中国大陸に近く、鑑真和上や遣唐使船など歴史的関係も深いことから、鹿児島市が前年中国の都市との友好交流を模索するため使節団を派遣し、翌年、長沙市から申し入れがありました。「姉妹」では上下関係になるとの考えからで、平等である「友好都市」としたといわれます。

県立図書館

モニュメント「若き薩摩の群像」が建立されました。

8／24に、市内中心部に記録的な集中降灰（台風13号の影響による東寄りの強風）があり、県庁前で、2時間で1㎡当たり5・5kgの驚異的な降灰（視界は10mも利かないほど）でした。

昭和58年には、南消防署が南栄5丁目に新築移転し、県歴史資料

【若き薩摩の群像】

センター黎明館が開館しました。

昭和59（1984）年　中央消防署を天保山町へ新築移転。

7／21には、桜島の爆発により直径2mからこぶし大の多量の噴石が有村町一帯に落下し、民家11戸に被害がありました。

桜島フェリーの24時間運航がスタートしています。

昭和9年に架橋された高見橋（幅は17m余）は、橋に続く道路の幅が36mあり、交通渋滞解消のため架け替えられました。また、平田橋も同様の理由で、同61年架け替え（幅8m→25m）られました。

昭和60（1985）年　県児童総合相談センター開設。

鹿児島市立新美術館開館。

県交通安全教育センターオープン。

鹿児島市立美術館は、手狭になり、新しく建設されました。現在では、6000点以上のコレクションです。

赤字や交通渋滞等に伴い、市電の伊敷線（柿本寺～伊敷町間3・9㎞）

黎明館

市立美術館

と上町線（市役所前～清水町2・3㎞）が廃止され、市バスも路線の統廃合（36→25路線へ）が行われました。

降灰が最も激しい年で、1カ月の1㎡当たり5902g（8月）、1年間の同1万5908gはともに史上最高です。降灰収集袋を各家庭に配布し、桜島降灰対策本部設置要綱を制定しました。

グリーンストーム事業が『緑の都市賞』総理大臣賞を受賞しています。

【グリーンストーム】

昭和61（1986）年　県総合保健センター開設。

市役所、東別館が竣工（地下1階地上12階）。

横井埋立処分場が開設（埋立予定年数30年）。

市教育総合センター竣工（地下1階地上5階）。

指宿枕崎線の郡元駅、宇宿駅新設。

錫山鉱山閉山。

鹿児島港本港区の建設開始。

松元町の町役場新庁舎が完成（地上3階）。

【降灰の鹿児島市】

錫山鉱山は、1655年発見され、300年以上の歴史がありました。1830～1979年までの錫生産量は、記録分だけで約2800t。昭和54年度は国内第2位の約84tの生産でした。

本港区の建設事業は、平成5年に北埠頭、同10年に南埠頭が竣功認可され、新しく本港新町が誕生し、総面積0・32㎢を超す埋立地ができました。鹿児島港は、明治以降、何回となく改修、整備を繰り返してきました。昭和63年末は、本港区、新港区、鴨池港区、南港区、木材港区、谷山1区、谷山2区、浜平川港区の8港区に分かれ、南北の距離は20㎞にも及んでいます。

8月に、電子計算組織に係る個人情報の保護に関する条例が施行されました。

昭和62(1987)年　谷山保健センターが完成。

降灰被害のため有村町住民が星ヶ峯団地へ集団移転しました。磯海水浴場は、防波堤や潜堤によって砂の流失を防ぐとともに、砂を投入して以前の約3倍の幅の砂浜になりました。

昭和63(1988)年　九州縦貫自動車道(鹿児島北〜鹿児島)、指宿有料道路Ⅲ期(鹿児島〜谷山)、国道3号線鹿児島バイパスの一部の3線が同時開通。

JR慈眼寺駅の新設(前年、国鉄からJRへ変わりました)。

鹿児島国際火山会議開催。

北部斎場完成、供用開始(唐湊火葬場が50年の歴史を閉じました)。

火山会議は、「火山と人との共存」をテーマとし、参加者は30カ国、約3000人に達しました。

国による桜島の砂防工事は、世界の最先端を示すものとして、外国からの技術視察が毎年１００人を超えています。会議では、「サボウ」（砂防）が英語で通用しました。

６／16の降灰は、１日１㎡当たり２６７１ｇの史上最高を記録しました。

平成元（１９８９）年　『サザンピア21』開催。

南薩横断道路、錫山バイパスを最後に全線開通。

平川浄水場通水。

鴨池市民球場完成（市営野球場の全面改修）。

谷山サザンホール開館。

『サザンピア21～火山と未来のフェスティバル』は、市政１００周年記念事業で、１号用地Ａ区内で開催されました。未来の鹿児島市を紹介したジオラマや無重力体験装置、ワールドグルメゾーンなどがありました。

平川浄水場について。この年に万之瀬川導水路が完成し、加世田市川畑から平川まで約21㎞です。計画策定の昭和48年は１日16万２０００ｔの予定でしたが、南薩地域の反対もあり、同56年に１日７万５０００ｔ（上水道用５万５０００ｔ、工業用水用

【サザンピア２１】

平川浄水場

2万t）へ変更しました。市議会は、万之瀬川流域1市5町の条件付き同意に対して、異例の感謝決議をしました。1日の最大処理能力3万tで、計画発表から16年目の通水でした。

平成2（1990）年　マイアミ市との姉妹都市盟約締結。
　鹿児島商工会議所ビル完成。
　市役所別館、機械式立体駐車場完成。
　市立図書館・科学館開館。

図書館は地上6階、同24年には貸出冊数が2000万冊を突破し、開館当初約32万冊だった蔵書も現在は90万冊を超えています。科学館（愛称ビッグアイ）も地上6階、これまでに3回の大々的なリニューアルを行い、同25年には総入館者が300万人を突破しています。

平成3（1991）年　九州新幹線鹿児島ルート（八代～西鹿児島）起工。

九州新幹線部分開業までの大まかな流れを確認します。

昭和45年　全国新幹線鉄道整備法制定。

【市立図書館】

商工会議所ビル

（これが九州新幹線建設のスタートラインです）

47年　九州新幹線基本計画決定。

48年　九州鹿児島ルートの整備計画を決定。

（57年　整備新幹線計画の凍結を閣議決定　62年　凍結を解除）

63年　西鹿児島駅周辺環境整備事業、自由通路の完成。

平成元年　難工事の第3紫尾山トンネルに着手（11年　貫通）。

4年　九州新幹線鹿児島ルート・西鹿児島駅舎起工（8年竣工）。

13年　西鹿児島～新八代フル規格化決定。

14年　西鹿児島駅の新駅名を「鹿児島中央駅」に決定。

16年　九州新幹線鹿児島ルート（八代～鹿児島中央間）部分開業。

4月から、降灰除去のための降灰袋の名称が、「克灰袋」になりました。

平成4（1992）年　南部斎場完成、供用開始。

かごしま健康の森公園オープン。

県道219号線（玉取迫鹿児島港線）開通。

（谷山市街地を通らずに、谷山インターと産業道路を結んでいます）

【西鹿児島駅】

【自由通路の完成】

【みなと大通り公園】

鹿児島アリーナ開館。

市電センターポール（中央支柱化）工事完了。

鹿児島初の民間ＦＭ局エフエム鹿児島が開局。

小松原地下道（市電、ＪＲ指宿枕崎線直下）開通。

鹿児島中央地下駐車場（セラ６０２）営業開始。

（セラは地下貯蔵庫、６０２は収容台数です）

伊敷支所新庁舎落成。

みなと大通り公園完成。

【鹿児島アリーナ】

鹿児島アリーナは、鹿児島刑務所跡地に建てられた総合スポーツ施設で、古代ローマのコロシアム（円形競技場）をイメージしています。地上3階地下1階で、客席を6タイプに配置できるシーティングシステムを採用したメーンアリーナは、最大５７００席になります。歴史的・文化的建造物として、刑務所の石造りの門が残されています。

市電センターポール工事は、昭和62年度から始められ、併用軌道全区間８・75㎞で完成です。景観を一変させ、「潤いのあるまちづくり」で自治大臣表彰を受けました。なお、翌年には、

市電センターポール

市電の路線延長13・1㎞が、全国の公営路面電車で日本一です。

平川動物公園が、アマミノクロウサギの研究によって、第6回古賀賞を受賞しています。

平成5（1993）年　鹿児島流通業務団地（通称大峯団地）完成。

8・6豪雨災害。

8・6豪雨災害は、鹿児島地方気象台で日雨量259㎜、旧郡山町役場で同384㎜の記録的な大雨となり、大規模な土砂崩れと洪水が相次いで発生し、甲突川が氾濫（浸水は市街地の一部で2mの高さに達しました）し、武之橋などが流失しました。死者47名、行方不明者1名、重軽傷者52名です。家屋の被害は、全壊284戸、半壊183戸等約1000戸、床上浸水9091戸、床下浸水1999戸に達しました。国道10号線とJR日豊本線の4㎞の区間では、22カ所の崖崩れが発生し、立ち往生した人々2500名以上が、漁船や巡視船、フェリーなど海から救助されました。

【崩れた国道3号線】

河川の改修について。甲突川（区間は河口から小山田町塚田橋までの約14・6㎞）は、約2mの河床掘削や一部区間の拡幅などで、最大流量を毎秒300tから700tに上げました。新川も9～10mの川幅を約15mに広げ、河床を1～2m掘り下げました。稲荷川も流下能力を毎秒70tから

１７０ｔに上げました。

この年、７月の降水量は平年の３倍を超える１０５４㎜と最高を記録し、梅雨入りから８／６までの降水量も市の平年の年間降水量に匹敵する２２５２㎜に達していました。年降水量も４０２２㎜に達し、史上最多でした。

このような災害に対して、翌年には緊急情報連絡システムなどを稼働し、土砂災害警戒区域などを地域ごとに示したハザードマップ（災害危険予測図）を作成しました。

また、災害時の復旧・復興に関して、相互応援協定の締結を積極的に推し進めました。自治体では、九州管内の県都の８都市と北九州市、東京都渋谷区（渋谷・おはら祭の繋がり）、全国の中核市、岐阜県大垣市等。諸業界団体とも連携を図り、同19年には、県と鹿児島市など49市町村が「災害時相互応援協定」を結んでいます。

この災害に伴う鹿児島市・甲突川の激特事業（激甚災害対策特別事業）が完了したのは、同12年5月のことです。

【土砂崩れのバス】

【武之橋流出】

平成6年には、鹿児島読売テレビ（KYT）放送開始。南部清掃工場、供用開始。維新ふるさと館オープン。第十管区海上保安本部が東郡元町へ移転です。

平成7年には、西田橋は営林署跡（現石橋記念公園）、高麗・玉江橋は祇園之洲公園に移設が決定しました。甲突川の石橋5橋は歴史的に貴重な建造物でしたが、鹿児島市の交通事情（渋滞）と合わせ、8・6水害もきっかけとなって移設等が大きな問題となっていました。西田橋の御門も復元されました（同12年1月、石橋移設復元完成　71～72ページ参照）。

九州自動車道の人吉～えびの間が開通し、鹿児島から青森まで約2150㎞が結ばれました。

平成8（1996）年　鹿児島市が中核市へ移行（4／1）。

鹿児島県庁竣工。

城山トンネル開通。

新食肉センターオープン（同15年、民営化）。

中核市制度は、規模などが比較的大きな都市の事務権限を強化するもの

南部清掃工場

維新ふるさと館

です。民生・保健衛生・環境行政や都市計画事務等、764項目の事務権限が県から委譲されました。全国で12の市が中核市となりました。

県庁は、行政・議会・警察の3庁舎があり、行政庁舎は高さ93・1mで、県内最高です。

城山トンネルは、都市計画道路「易居草牟田線」の一部で、長さ696mです。国道225号バイパスの同「谷山街道線」総延長736mも開通です。

平成9（1997）年　鴨池ドームオープン。

ふるさと考古歴史館オープン。

かごしま水族館オープン。

都市農業センターオープン。

鹿児島市ホームページの開設。

かごしま水族館は、地上4階（一部5階）地下2階建て。黒潮大水槽は、容量1500tで単独水槽として全国でも3番目の規模でした。同12年には、ジンベエザメ初展示です。

【中核市へ移行】

県庁行政庁舎

入館者は初年度だけで121万人に上りました。

都市農業センターは、都市型農業の振興や理解を深めるための施設です。

ホームページの開設後、同11年に市民情報ネットワークシステム、同13年に戸籍総合システム、同15年に住民基本台帳ネットワークシステム、同16年に電子申請システム、さらに水道料金等のコンビニ納付や市税の電子納付も可能となり、同21年からは地図情報システム「かごしま·iマップ」の運用も始まっています。ゆうあい福祉バスも運行開始です。

郡山町で、総合運動公園落成です。同12年に「スパランド裸・楽・良」、14年に「悠遊館」が開館です。


平成10(1998)年　吉野支所、業務開始(出張所から支所へ昇格)。

南九州西回り自動車道松元ICの供用開始。

かごしま近代文学館・かごしまメルヘン館オープン。

4月、第1回渋谷・鹿児島おはら祭が開催されました。踊り連は、上京の1200人を含む2300人。人出は35万人(普段の日曜日の3倍以上)

【かごしま水族館】

ふるさと考古歴史館

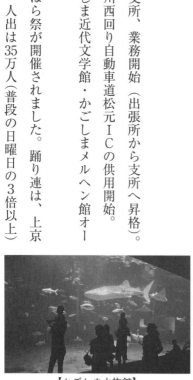

でした。中核市になったのをきっかけに鹿児島市出身者らが企画しました。
当時の渋谷区長（小原基氏）も鹿児島市出身でした。

この年に、人口が55万人を超えています。

平成11（１９９９）年　西部保健センターオープン。

キャンセビルオープン（西鹿児島駅周辺の最初の再開発ビルで、「来やんせ」をもじりました）。

キャンセビル

５月には、中心市街地の地盤沈下や空洞化がすすんできたため、「鹿児島市中心市街地活性化基本計画」が策定されました。対象地域はＪＲ西鹿児島駅から天文館・いづろを経て上町・鹿児島駅を結ぶ都心部約２７９ha。３ゾーンを順に「陸の玄関口にふさわしい街」「魅力多彩・にぎわいの街」「新しさとなつかしさに出会える街」と、テーマ設定しました。ハード事業は33、ソフト事業は29でしたが、平成19年末には、国の認定（第１期基本計画）を受けました。計画期間は同25年３月までの５年４カ月間。これまでの区域をベースに、鹿児島中央駅からＪＴ跡地に至る地域と鹿児島中央駅西口付近、ウォーターフロント地区の合計約86haを加えた約３６８haです。

平成12（２０００）年　寺山ふれあい公園完成。

公共下水道、谷山処理場通水。
第1回かごしま錦江湾サマーナイト花火大会。
知的障害者福祉センター開館。
市役所山下分庁舎完成。
都市計画道路「高麗通線」（1期）開通。

保健行政は、昭和28年以来、中央、山下の2保健所体制でしたが、中央保健所を保健所と中央保健センターに、山下保健所を東部保健センターに、谷山保健センターを南部保健センターに衣替えし、前年オープンの西部保健センターと合わせ、1保健所4保健センター体制となりました。

【高麗通線】

「高麗通線」（1期）は、延長70ｍの西紫原陸橋を含む640ｍです。同24年には、2期区間が開通しました。延長1・19㎞。80ｍの高低差がありますが、ＪＲ線路をまたぐ中郡陸橋（390ｍ）や東紫原陸橋（172ｍ）などでつなぎました。

桜島町で、4月に国民宿舎「レインボー桜島」と「桜島マグマ温泉」、8月に総合交流ターミナル「火の島めぐみ館」と道の駅「桜島」、同14年には人工海岸「レインボービーチ」の利用開始です。

平成13（2001）年　勤労者交流センター（よかセンター）開館。

（同5年には、中小企業勤労者福祉サービスセンターが設立です）
南日本新聞社、与次郎へ移転（地上13階）。
サンエールかごしまオープン。
衛生処理センター、供用開始。
（し尿と浄化槽汚泥を同時に処理し1日で170トンの処理量です）
ソフトプラザかごしま（情報関連産業の育成・支援施設）開設。

南日本新聞社

サンエールかごしまは、生涯学習プラザと男女共同参画センターの複合施設で、第1回男女共同参画フェスティバルが開催され、男女共同参画都市かごしま宣言も出されました。
平成14年には、鹿児島市西消防署ができ、3署体制です。粗大ゴミ収集システムを導入し、リサイクルプラザが供用開始です。

平成15（2003）年　かごしま県民交流センター完成（県庁跡地）。
宇宿地下道開通。
松元ダム、竣工式と通水式。

超低床電車ユートラムが、ローレル賞受賞です。路面電車のトラムと、「優」「悠」「YOU」等の「ユウ」を組み合わせたものです。乗り場との段

県民交流センター

差は5㎝です。同19年、連結式の「ユートラムⅡ」も運行開始です。

平成16（2004）年　九州新幹線鹿児島中央～八代間開業。

アミュプラザ鹿児島オープン。

アミュプラザ鹿児島

鹿児島ふれあいスポーツランドオープン。

（総面積50・46haで、市最大の総合公園です）

新生鹿児島市誕生（17ページ参照）。

武岡線の1期区間開通。

（約400ｍの常盤トンネルを含む約1200ｍです。同23年には、2期区間の660ｍ開通です）

【ユートラム】

かごしま文化工芸村オープン。

市役所みなと大通り別館（地下2階地上6階一部7階）、利用開始。

（同25年には、隣接地に約190台収容の立体駐車場が完成です）

これまで鹿児島中央～博多間は、特急で3時間40分。開業後は、「リレーつばめ」に乗り換えて、最速2時間12分と約1時間半短縮されました。駅前広場の整備は、タクシーとバス停の集約、電停の移設が中心です。東口の地下通路は「つばめロード」と名付けられ、西口には、薩摩切子をモチーフにしたモニュメント「切子燈」があります。

新生鹿児島市について。長い海岸線、豊かな自然と広範な農業地域も加わりました。5町の役場は、支所となりました。

また、警察では、郡山町と松元町が伊集院署から鹿児島西署へ、喜入町は指宿署から鹿児島南署へ変わり、これに伴い、従来の3署間の管轄も一部変更になりました（なお、吉田町と桜島町は合併前から、それぞれ西署と中央署の管轄でした）。


平成17（2005）年　吉田多目的屋内運動場オープン。

ドルフィンポートの開業。


人口重心（県民すべてを同じ体重とし、県内人口を1点で支えて釣り合いがとれる地点。市町村の人口は各市役所、役場内にあるとして計算）について。昭和25年には下荒田の北東約1㎞の鹿児島湾上で、同30年には、同28年の奄美群島の日本復帰で薩摩半島南部の頴娃町の沖合5㎞に南下しています。その後、同35年からは一貫して鹿児島市方向へ北上を続けています。鹿児島市への人口集中がすすんでいるということです。平成17年からの5年間で重心が1㎞以上動いたのは鹿児島県

切子燈

【開業した九州新幹線】

だけ（総務省）です。

平成18（２００６）年　夜間急病センター・精神保健福祉交流センターオープン。

　ＮＨＫ鹿児島放送局、本港新町に新築移転（地上４階）。

　６月に、桜島の昭和火口が昭和23年以来58年ぶりに活動しました。平成21年以降は爆発回数が急増（前年までの５年間は、年平均が10数回程度）し、同年は５４８回、同22～26年は毎年８００回以上です。同27年３月には、月間最多となる１７８回を観測しています。

　ハイブリッドバスの運行開始です。敬老・友愛パスもＩＣカード化（一部自己負担を導入）です。

　この年、災害や避難勧告などの情報を市民にメール配信する「安心ネットワーク１１９」もスタートしています。

平成19（２００７）年　北部清掃工場（老朽化により新建設）、供用開始。

　マリンポートかごしま（1期1工区）オープン。

　北部保健センターオープン（１保健所５保健センター体制です）。

ドルフィンポート

【イオン鹿児島】

イオン鹿児島ショッピングセンターがオープン。（県内最大の商業施設で、同25年には増床して、イオングループ内でも九州最大級となっています）

旧島津氏玉里邸庭園、国の「名勝」に指定。

マリンポートかごしまは、1期1工区で0・1㎢が、1期2工区で0・13㎢（同28年完工）が埋立地となり、鹿児島市の総面積は、547・21㎢です。

平川動物公園の入園者数が、開園35年で2000万人を突破（年平均57万余人）です。3月に九州新幹線乗客が1000万人を突破しています。10月には鹿児島中央～新大阪間の相互直通運転の実施が決まり、平成21年には直通運転する列車が「さくら」、翌年には最速3時間45分で結ぶ列車が「みずほ」と発表されました。

玉里邸庭園は、27代斉興によって1835年に造営され、西南戦争で焼失しましたが、久光が再興しました。明治20年久光国葬の際、黒門と福昌寺までの国葬道路が造られました。

平成20（2008）年　親子つどいの広場（なかまっち　中町）オープン。

玉里邸庭園

かごしま環境未来館開館。

親子つどいの広場は、未就学児とその家族が主な対象で、地域における子育ての支援施設です。平成22年に「りぼんかん」（与次郎ヶ浜）、同25年に「たにっこりん」（谷山）、同26年に「なかよしの」（吉野）、さらに同28年に西部に建設予定です。

環境未来館の落成式で「かごしま環境都市宣言」も行われました。

熊本市、福岡市と交流連携協定を結びました。九州新幹線の全線開業を控え、新幹線で結ばれる3市の人的・政策的連携強化を目指しています。同24年には、北九州市も加わっています。

ねんりんピックが鹿児島県で開催され、本市は6会場で6種目が実施されました。

平成21（2009）年「維新ふるさとの道」（南洲橋〜高麗橋間）完成。

JR広木駅開業。

南国センタービル（地上9階）完成。

市立病院・市医師会病院・鹿児島赤十字病院がDMAT指定病院に指定されています。DMATとは、大規模な自然災害や航空・鉄道事故が起きた時に、現場で早期医療活動に当たる県災害派遣医療チームのことです。

玉里邸黒門

維新ふるさとの道

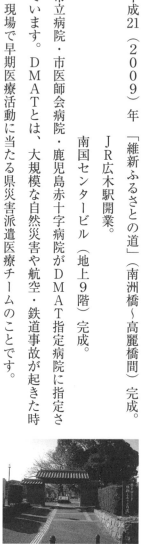

公用車に電気自動車を導入しています。

平成22（2010）年　三越鹿児島店跡にマルヤガーデンズがオープン。

熊本でレール締結式があり、九州新幹線の全線257㎞がつながりました。

ごみ問題に対して、3R運動（リデュース、リユース、リサイクル）も始まりました。リデュースは廃棄物の発生自体を抑制すること、リユースはいったん使用された製品や部品、容器などを再使用すること、リサイクルは廃棄物などを原材料として再利用することです。

この年の国勢調査で、団地別の人口を見ると、紫原団地が2万3200人近くで最も多く、次いで西郷、桜ケ丘団地の1万2000人台、皇徳寺・星ケ峯ニュータウンの1万1000人台となっています。市街地周辺部の団地開発が進み、昭和60年代までは人口のドーナツ化現象となっていましたが、高齢化の進行等からマンションのような大型集合住宅が市街地に増え、人口の市街地回帰がおきています。平成に入ってから建築物の高層化が進み、10階建ては平成元年の46棟に対し、同25年は155棟、11階建て以上は元年の58棟に対し、25年は243棟と増えています。

平成23（2011）年　鴨池公園水泳プール完成。

九州新幹線・鹿児島ルート全線開業。

全国都市緑化かごしまフェア「花かごしま２０１１」開幕。

新喜入支所・喜入公民館が業務開始。

新しいプールは、築30年経過の鴨池市民プールの建替えが必要だったためで、屋内の50ｍ競泳プールは10コース、水深は３ｍまでの範囲で自由に変えられ、国際大会に対応できる通年利用型です。

新幹線全線開業によって、鹿児島中央〜博多間が最速1時間17分でつながり、部分開業より50分以上、それ以前よりは約2時間半、短縮されています。全線開業の前日午後、東日本大震災が発生し、開業記念イベントは中止、または縮小されました。

九州新幹線事業は、昭和45年を始まり（１６５ページ参照）とすると、約40年を費やしての全線開業ということになります。部分開業後の利用者数は８４７６万人（平成27年9月現在）で、平成27年度だけでも約１３００万人です。

鹿児島中央駅付近の都市機能の集積が急速に進むとともに、谷山地区や与次郎地区の大型商業施設の出店も相次ぎ、商業地区は天文館一極集中が崩れ、分散が進んでいます。

また、ホテル進出も進み、平成元年度の41から同24年度は86へ、客室数も同11年度の４８２５室から８２７１室へと増えています（逆に、旅館は減少しています）。この年の観光客数は、過去最多の９５５万５０００人を記録しています。外国人観光客も増加し、平成22年には8万人台に乗り、同25年は9万６４９７人の過去最高です。国・地域別では、台湾、韓国、香港、中国の順です。

国内最大のスーパーエコシップ桜島丸（サクラエンジェル　環境やバリアフリーに配慮した電気推進船）が就航し、ＪＲの観光特急「指宿のたまて箱」も運行開始です。

平成24（２０１２）年　鹿児島中央ターミナルビルオープン。

（地下1階地上14階、高さ71・85ｍです）

かごっまふるさと屋台村オープン。

鹿児島市・松本市、文化・観光交流協定締結。

観光農業公園（グリーンファーム）開園。

市電の軌道緑化事業完了。

霧島錦江湾国立公園の誕生。

（従来の霧島屋久国立公園の分割で、姶良カルデラも新たな指定です）

鹿児島中央ターミナルビル

交流協定については、鹿児島市と松本市が新幹線と飛行機を使うと4時間ほどで結ばれるという理由から、松本市からの呼びかけです。翌年には、札幌市とも締結しています。多くの鹿児島出身者が北海道開拓に携わった歴史などから、札幌市からの呼びかけでした。

グリーンファームは、標高約２３０ｍの高台にあり、敷地約41・３ha、体験用農地約２・１haです。グリーン・ツーリズムの拠点ですが、元々は、平成４年に「喜入の森」キャンプ場としてオープンした施設です。

市電の軌道敷緑化は、同20年に鹿児島中央駅~鹿児島駅間が完成し、道路との併用区間8・9㎞で完了しています。温度上昇を抑えたり、騒音を低減したりする効果もあります。緑の都市景観が評価されて「アジア都市景観賞」など6つの賞を受賞しました。

この年、市の住宅公社も解散です。


平成25(2013)年「鹿児島・錦江湾ジオパーク」、日本ジオパークに認定。

鹿児島東西道路の一部(新武岡トンネルなど2・2㎞)開通。

鹿児島七ッ島メガソーラー発電所竣工。

西之谷ダム、運用開始。


ジオパークとは「大地の公園」を意味し、貴重な地形や地質を保全するだけでなく、ツアーや体験プログラム等を通して、地球の素晴らしさや自然と人とのつながりを体験できる場所のことです。「鹿児島・錦江湾ジオパーク」は、「世界的に稀有《けう》な『活火山との共生』」が実現していることが大きな特長ですが、さらに世界ジオパークの認定を目指しています。

鹿児島東西幹線道路は、鹿児島インターから鹿児島港新港区付近までの

武岡トンネル

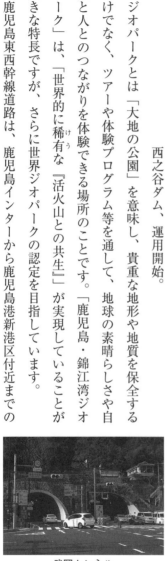

延長約６㎞が計画区間です。国はその中の鹿児島インターから甲南インター（仮称）までを「鹿児島東西道路」として、平成13年度に事業化したのです。

西之谷ダムは、新川上流にあり、通常時は水をためない流水型ダムで、洪水調節を目的とする治水専用ダムです。

鹿児島七ッ島メガソーラー発電所は、東京ドーム約27個分、約１２７万㎡（約１・３㎞×約９００ｍ）の広大な敷地に、太陽光パネル約29万枚が設置されています。太陽光パネルは、南の空に向けて、20度の角度で設定（太陽光を最も受けやすく、桜島の降灰を落としやすい角度です）してあります。

「鹿児島市中心市街地活性化基本計画」の第１期基本計画（１７３ページ参照）を受けて、３月末には第２期基本計画が国の認定を受けました。計画期間は平成30年３月までの５年間。計画区域はこれまでの地域に、歴史・文化ゾーン13haを加えた約３８１haです。65事業で構成されています。

この年１月の（推定）人口が60万７８６９人で、市の最高人口です。これ以降は減少傾向です。

メガソーラー発電所

プレミアム館

平成26（２０１４）年　アミュプラザ鹿児島プレミアム館オープン。

国道２２６号線、平川道路完成。

薩摩維新ふるさと博の開催。

恒常的に交通が混雑していた平川交差点付近から産業道路南入口交差点付近までの約２・３㎞を、国が「平川道路」として、同13年度から道路拡張などの工事を進めました。

【平川道路　平成21年】

平成27（２０１５）年　市役所西別館完成。

市立病院、市交通局の局舎・電車施設が上荒田町へ移転。

（バス施設は新栄町と浜町へ移転です）

「明治日本の産業革命遺産　九州・山口と関連地域」、世界遺産登録。

市役所西別館は地上４階で、３、４階は市議会議場です。市役所は、本庁舎としては、本館・別館・東別館・みなと大通り別館・西別館からなっています。

市立病院は、昭和20年代に５病棟（木造）を建築しました。同36年に１

市立病院

号棟（鉄筋コンクリート）が建設され、その後増築を重ねていました。施設の老朽化や駐車場不足による周辺の交通渋滞等もありました。敷地はこれまでの2・8倍、建物の延べ床面積は1・3倍、病院本棟は8階建て、駐車場も3倍の655台収容可能です。ヘリポートも設置しています。

交通局の移転は、施設の老朽化が主な理由ですが、敷地は約1万2790㎡、局舎は3階建て、整備工場の他、資料展示室も設置しています。

世界遺産登録を目指す取組は、平成14年に、産業遺産に関する世界的権威のスチュアート・スミス氏が集成館を視察し、高く評価したことがきっかけです。同17年には九州全体に広がり、同18年には、6県8市は、13の文化財からなる近代化産業遺産群の世界遺産暫定一覧表入りを目指し、文化庁に提案（同21年、世界遺産暫定一覧表に記載）を行っています。

記載を受けて、鹿児島市では、寺山炭窯跡（3基のうち1基が現存）や関吉の疎水溝（取水口の跡などが現存）、疎水溝の集成館口、異人館を追加指定し、資産の保全に万全を期していました。

同25年には、国内推薦案件に決定していました。世界遺産は、日本の重工業分野において、西洋技術を移転し、急速な産業化を成し遂げた道のり

寺山炭窯跡

交通局

を示す遺産群であり、８県11市23資産で構成されています。

第30回国民文化祭が鹿児島県で開催されました。全国各地の各種文化活動の成果を発表・交流する国内最大の文化の祭典です。本市主催のイベントは、大薩摩焼展や本場大島紬フェスティバルなど14事業でした。

鹿児島銀行が肥後銀行と経営統合し、九州フィナンシャルグループを設立しました。

赤崎勇氏（ノーベル物理学賞受賞者）と稲盛和夫氏（京セラ名誉会長）が、市民栄誉賞を受賞しています。これまでの受賞者は、本郷かまと氏（長寿世界一）と今給黎教子氏（ヨット単独無寄港世界一周）で、計４名です。また、名誉市民の受賞者も４名で、勝目清氏（元市長）、浜平勇吉氏（元市議会議長）、赤崎義則氏（元市長）、中村晋也氏（彫刻作家、文化勲章受章者）です。

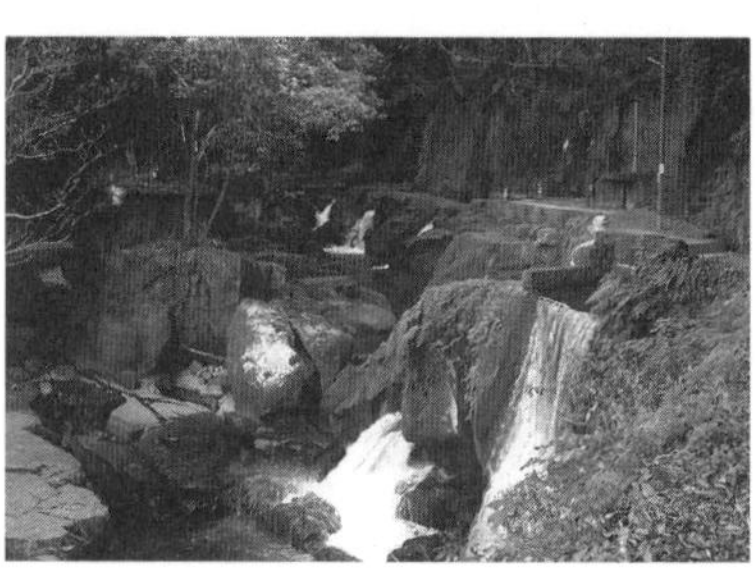

関吉の疎水溝

10月の国勢調査（速報値）の結果、市の人口は60万８人です。５年前の調査に比べ、５８３８人の減（減少率１・０％）です。大正９（１９２０）年の調査開始以来、初めての減少です。

ちなみに、１世帯あたりの人員（大正～昭和50年までは国勢調査のみ）は、明治22年は４・６人ですが、以後は同44年の５・８人を最高に昭和15年まで５人台、昭和20～30年まで４人台、同35～同54年まで３人台、同55～平成10年まで２・５人以上、同11年以降は２・４人以下です。

平成28（2016）年　安全都市「セーフコミュニティ」の認証取得。

第1回鹿児島マラソン開催。

谷山地区連続立体交差事業完成。

安全都市「セーフコミュニティ」は、世界保健機関（WHO）が認証するものです。事故やけがを予防する取組のことで、安心安全なまちづくりをめざしています。

第1回鹿児島マラソンは、フルマラソンと約9㎞のファンランで実施され、合計1万1854人が参加しました。

谷山地区連続立体交差事業は、平成20年に起工式、3年かけて仮線に切り替え、その後高架工事が行われました。鉄道高架化で踏切による交通渋滞や市街地の分断を解消し、交通機能の強化を図るものです。事業区間は、東谷山2丁目～慈眼寺町の約3㎞（うち高架区間は約2・7㎞）、除却踏切数は15、鉄道と立体交差する道路は都市計画道路で5路線、市道で17路線です。谷山駅と慈眼寺駅は高架駅舎となりました。谷山駅周辺地区の土地区画整理事業も行われます。駅南側には鹿児島中央駅西口とほぼ同じ広さの広場を整備し、北側に

新しくなった谷山駅

新旧の慈眼寺駅

は広場の約半分の公園を設ける予定です。

薩長同盟150年を記念して、萩市と「友好交流に関する盟約」を結びました。

これまでの鹿児島市の大まかな流れを、市民生活の変化を中心に振り返ってみましょう。

明治22年　鹿児島市誕生。人口5万7800余人、九州一。
30年前後　鹿児島港、西日本近海航路の一大中心地。
35年　防火のため、井戸の所有者に「〇の中に井」の木札掲示を指示。
39年　本格的に上水道利用が始まる。
42年　鹿児島本線（現肥薩線）開通。
43年　ねずみ駆除のため懸賞買収法の実施。
44年　第1次編入（草牟田・武地域）。鶴丸城の外堀、埋立完了。
大正元年　民間の自動車交通と電車、営業開始。
3年　桜島大爆発。
6年　電灯がかなり普及し、無電灯家はほとんどなくなる（火事も減少）。
8年　南林寺墓地廃止（天文館のにぎわい）。鹿児島港開港。

大正9年　第2次編入（玉里・永吉・原良地域）。
14年　県庁舎落成（現県民交流センター地）
昭和3年　初めての道路舗装工事。
4年　市営バス営業開始（電車は、前年に市電へ）。
5年　指宿線開通（五位野まで）。
8年　北朝鮮・鹿児島・台湾間に河南丸就航。
9年　第3次編入（中郡宇村、西武田村、吉野村）。
10年　NHK、ラジオ放送開始。
12年　現市役所本館完成。
13年　鹿児島飛行場起工式。ヒットラーユーゲント一行来鹿。
唐湊市営火葬場完成（昭和に入って土葬より火葬が多くなりました）。
16年　町内会隣組誕生（太平洋戦争勃発）。
20年　8回の空襲（被災面積は全国で7番目、93％焼失、被災者11万5000余人）。
21年～　復興計画による土地区画等、名古屋・東京に次ぐ3番目の広さ。
24年　糞尿汲み取りの一部作業復活。
25年　第4次編入（伊敷村、東桜島村）。上水道が戦前レベルに回復。

昭和29年　市全体で「蚊とハエのいない生活運動」。
30年　下水道第1期工事竣工。
31年　集団就職列車運行開始（～同49年）。
32年　鹿児島空港開港。
33年　NHK鹿児島テレビ局開局、放送開始。「町を静かにする運動」。
39年　「防犯灯で街を明るくする運動」「社会を明るくする運動」。
40年　市コンポスト工場（じんかい高速堆肥処理施設）完成。
41年　紫原団地完成（同35年着工、大型団地造成の先駆け）。「公害対策協議会」開催。
42年　谷山市と合併。
45年　与次郎ヶ浜埋立工事（水搬送工法）完成。
47年　鴨池空港閉鎖。平川動物公園開園。太陽国体開催。公益質舗と市授産所廃止。
52年　九州縦貫自動車道（薩摩吉田～鹿児島北間）完成。
53年　北部清掃工場完成。
54年　鹿児島・谷山臨海工業地帯の造成完了（約750ha）。南部処理場完成。
55年　勤労婦人センターオープン。
56年　シルバー人材センター設立。

昭和59年　サラ金苦情相談開始。
60年　桜島の年間降灰量が1㎡当たり1万5908gで史上最高となる。
61年　旧鹿児島刑務所の解体開始。
62年　市心身障害者総合福祉センター「ゆうあい館」完成。
平成元年　市制100周年。平川浄水場通水（水を市内だけでは確保できなくなっていました）。
2年　平和都市宣言。
3年　九州新幹線・鹿児島ルート（八代～西鹿児島）起工。
5年　8・6水害。情報公開条例施行（国より8年早い）。
6年　ふれあい長寿社会宣言。市消費生活センターオープン。
8年　中核市へ移行。
9年　ゆうあい福祉バス運行。市ホームページの開設。
11年　「鹿児島市中心市街地活性化基本計画」策定。
13年　男女共同参画都市かごしま宣言。
16年　周辺5町合併。九州新幹線・鹿児島中央～八代間開業。
　みんなでまちを美しくする条例施行。
17年　個人情報保護条例、安心安全まちづくり条例施行。ラピカ導入。

平成20年　かごしま環境都市宣言。市税の電子納付等開始。親子つどいの広場オープン。
22年　3R（リデュース、リユース、リサイクル）運動の開始。
23年　九州新幹線・鹿児島ルート全線開業。
27年　「旧集成館」「寺山炭窯跡」「関吉の疎水溝」世界遺産登録。
28年　安全都市「セーフコミュニティ」の認証取得。

戦前では、海運や鉄道網、自動車やバス・電車等の交通機関の発達や、電気やガスの利用等で鹿児島市は拡大・近代化し、市民生活もより豊かになっていたことがわかります。

戦争で大きな被害を受け、特に8回の空襲では9割以上の焼失でしたが、復興計画の実施や市民の努力によって、5年前後で戦前のレベルまで回復し、新しい鹿児島市街地も出来つつありました。その後は、高度経済成長の時代もあって、さらに豊かに発展していきますが、公害等の社会矛盾も生じ、環境問題が大きな課題となりました。また、高齢化社会の中で福祉の問題、少子化の問題等もあります。現代ならではの課題として、個人情報保護問題、ICTの活用等もあります。

これまでの市の「運動」「宣言」「条例」等の流れを比べると、よくわかりますね。

市の人口は、当初5万余人でしたが、市の発展とともに、周辺市町村との合併・編入を繰り返す中で、現在は約60万人の中核市です。今後は、国全体の動向と合わせ、人口減少問題も重要な課題です。出生率は県が1・63、全国も1・43なのに対し、市は1・42です。市の人口も平成25年からは減少に転じ、約25年後には約8万人減少し、65歳以上人口が大幅に増加すると予想されています。

これらをふまえたまちづくりが必要です。市は「かごしまコンパクトなまちづくりプラン」を策定中ですが、市民として、鹿児島市が今後どうあるべきか、どうなるのか、自分なりに考えていくことが大切なのです。

Ⅱ部　鹿児島市の学校の歴史

第1章　明治時代〜戦前（昭和20年）まで

薩摩藩では、明治元（1868）年、開成所を造士館に併合して、和学局もおいて、造士館内をこれまでの儒学のみから和漢洋の3本立てとしました。

新しい学校の始まりは、明治4年、洋学局を廃し、藩が上級学校にあたる本学校と小学第一校・第二校を建てたこと（「本学校─小学校・郷校の制」）によります。小学定員400人で、城下士族の子弟8〜18歳までの者の中から募集しました。本学校は、後には医学教育・出版等まで管轄する中心機関となりました。この他、方限や郷などが共同で設立したのが郷校です。城下では高見馬場郷校が最初です。年内には城下に15の郷校がありました。

全国的には、近代の学校教育は、明治5年に発布された「学制」によって、大学（全国を8大学区）・中学（1大学区に32中学区）・小学（1中学区に210小学区）の3段階を基本とする学校系統ができたことに始まります。

但し、「学制」に示された正則小学校を設置するのは不可能（正式の免許をもつ先生がいなかった）なので、各地の郷校を変則小学校として認め、次第に正則小学校に移行しました。「学制」によって、おおまかには郷校は小学校となり、本学校を中学校と改めました。制度がいろいろと変わりますが、明治10年6月には、中等学校が2校（准中学校と英語学校）、師範学校（学校の先生を養成するための学校）が2校、小学校が19校ありました。

但し、時代背景を考慮すると、どれだけの教育的な成果・実績があったかは疑問です。

明治7年の就学率は、県全体でわずか7・1％と全国最下位です。特に女子だけでは0・48％しかなく、ほとんど入学していなかったことになります。

これから年度ごとに、学校教育の流れを見ていきますが、戦前の教育制度は複雑なため、小学校から大学までの、主に戦後にもつながる公立学校を中心に調べていきます。

また、校名や教育内容等が変わることも多いため、変更に関する記述は、必要最小限度に留めます。例えば、鶴丸高校は、鹿児島県尋常中学校→鹿児島県第一尋常中学校→鹿児島県第一中学校（鹿児島県立高等女学校）→鹿児島県立鹿児島中学校→県立第一鹿児島中学校（県立第一高等女学校）→鹿児島県鹿児島高等学校第五部（第三部）→鹿児島県鶴丸高等学校→鹿児島県立鶴丸高等学校といった具合です。略記（一中・一高女または鶴丸高校）で支障のない場合は、略記します。

年度で記述するため、例えば、明治25年2月は、明治24年度とします。

明治9（1876）年　鹿児島師範学校開校。

前年に小学正則講習所として発足しました。後の教育学部です。同11年3月には附属小学校が創立されました。県立小学校です。附属小は、学齢6～9歳までを入学させています。

明治15年頃には、県立師範学校（生徒数男子146名）、同附属小学校（男子160名　女子37名）、県立女子師範学校（女子95名　以上山下町）、県立中学校（男子95名易居町）の4校の県立学校の他に、小学校として名山小学（易居町）、若宮小学（上竜尾町）、龍尾小学（下竜尾町）、滑川小学（下竜尾町）、小坂小学（車町）、松原小学（船津町）、松林小学（松原通町）、中洲小学（高麗町）、山下小学（東千石馬場町）、鶴丸小学（西千石馬場町）、鶴尾小学（草牟田）の11校（「かごしま案内」88ページ参照）がありました。小学校11校の合計児童数は、男子2851名、女子832名の計3683名（児童生徒数については、「鹿児島県地誌」より）です。男子に比べ、女子の就学率が低いのです。

しかし、全国画一的で種々の問題が生じたため、「学制」「教育令」を経て、同19年には、「学校

【県立師範学校】

令」を発布しました。この学校令は、小学校・中学校・師範学校を、すべて尋常と高等の2段階に分けました。尋常小学の4年を義務教育としました。そして、高等小学校→尋常中学校→高等中学校→帝国大学というルートと、高等小学校→尋常師範学校→高等師範学校というルートに区分しました。現在の学校制度でいえば、尋常小学校が小学校、高等小学校が中学校、尋常中学校が高等学校、尋常高等小学校は小学校と中学校が同じ敷地にあるようなものです。尋常小学校、高等小学校、尋常高等小学校とありますが、支障のない場合、以後、小学校と記述します。

明治19年には、鹿児島師範学校を鹿児島県尋常師範学校と改称です。尋常師範学校は各県に1カ所設置して、高等師範学校は東京に1カ所（現在の筑波大学）です。男子部と女子部を置きました。同22年の生徒数は男子101名、女子38名です。

明治22年の市制施行当時、市の尋常小学校は7つでした。山下小（西千石馬場町）・松原小（山之口馬場町）・中洲小（高麗町）・八幡小（下荒田町）・西田小（西田町）・大龍小（上竜尾町）・名山小（易居町）です。同15年より少なくなっていますが、幾つかの統廃合がありました。ちなみに、県内には711校でした。県内が711なのに対し、市が7というのは、随分少ない感じがしますね。当時の鹿児島市の土地の広さが関係します。

明治25（1892）年　尋常小学校負担区を3区に分ける（83ページ参照）。

鹿児島高等小学校（以下、男子校と略す）設置許可。

第一学区は、山下町・荒田村・西田村等の18町村で、学校は山下・松原・中洲・八幡・西田小の5校、第二学区は、上竜尾町・長田町等の17町で、学校は大龍小の1校、第三学区は、金生町・易居町等の15町で、学校は名山小の1校でした。

鹿児島高等小学校については、当初校舎がなかったため、7つの尋常小学校内に高等科の仮教場を置きました。翌26年に、山下町の旧練兵場の一部を30年間無料で借りることになり、同27年に校舎が完成して、高等科の男子児童は、新校舎に移りました。男子だけ移り、女子はそのままです。

「薩摩見聞記」には、次のようなことが書かれています。

○運動會《かい》、遠足會等は少年より之に馴れ、頗《すこぶ》る激烈なる動作に亙《わた》ること多し。鹿児島にては櫻島との間の海上に競漕（船こぎ競争）行はる。凡《すべ》て戸外活潑《かっぱつ》の遊戯は薩人の最も好む所なり。

○（西南戦争後）種々の方法を以て学事を奨励し、（中略）今各小学校の積立金は全国第三の高度に位し敷地坪数及び附属地坪数は全国第二に位せり。

○嘗《かつ》て鹿児島中屈指の某小学校に至り観るに、生徒順次に立ちて読本の講義を為す。或は普通語を以て自在に之を演《のぶ》る（話す）あり、或は頗《すこぶ》る難渋にして過半方言を交へて解し難き（解りづらさ）あり、其内女子は男子に比して巧なりしが如し。

明治27（1894）年　鹿児島県尋常中学校（現在の鶴丸高校）開校。

第三区立簡易商業学校（現在の鹿児島商業高校）開校。

鹿児島女子実業補習学校（旧女子興業学校、現鹿児島女子高校）開校。

尋常中学校は各県1カ所で、修業年限は5カ年でした。山下町（現在の県民交流センター地）を敷地とし、同27年3月校舎が完成しました。生徒定員400名。入学資格者は、「満12歳以上の者で、高等小学校第2学年の課程を終わった者、またはこれと同等以上の学力ある者」でした。

簡易商業学校は、第三区が商業の盛んな地区であるのに、商業教育機関がないことを遺憾とした区会の議決を受けて、設置されました。修業年限5カ年で、名山小学校内に開校しました。翌々年には、名山小の隣に新校舎（易居町）を建設です。九州における公立商業学校としては、長崎に次いで2番目の開校でした。同34年には、鹿児島市立鹿児島商業学校と改称します。明治末には、県立移管問題（市会は移管申請を議決）も生じましたが、実現しませんでした。

【県立第一中（山下町）】

鹿児島女子実業補習学校も、第三区が、裁縫や刺繍などの女子技芸教育を施すことを目的としての開校です。制服の袴に白線をつけましたが、これはスカート時代も変わりませんでした。同36年には、鹿児島市立女子興業学校と改称し、教員養成科も新設しました。

商業学校、興業学校とも第三区の設立（士族王国の鹿児島ならではです）ですが、同39年の学区制廃止に伴い、市に経営が移管しています。

戦前の場合、新たな学校開校でも、必ずしも新たに敷地と校舎を準備してというわけではありません。既存の学校に併置されたり、他の建物を借用したりということも多いのです。

明治28（1895）年　鹿児島県簡易農学校、荒田村に移転。

前身は師範学校内の附属農業専科講習所です。同31年には鹿児島県農学校と改称しますが、同33年4月に、鹿屋に移転しました。

明治30（1897）年　鹿児島県尋常中学校、第一分校を川内に、第二分校を加治木に設置。

翌年、分校は独立（現在の川内高校と加治木高校）したため、鹿児島県第一尋常中学校と改称しました。同32年には鹿児島県第一中学校（以下、一中と略す）とし、中学校1カ所の規定もなくなりました。高等小学校（男子校）で、教科の中に第3学年から英語を採用しています。

明治33（1900）年　鹿児島女子高等小学校（以下、女子校と略す）開校。

男子校の校地の南部を割いて設置しました。男子に遅れること8年ですが、場所は隣同士でも、男女別学のため、男子校と女子校との境界には、高い石垣を築いて、厳重に区画されていました。

明治34（1901）年　鹿児島県第一中学校分校（現在の甲南高校）開校。

第七高等学校造士館、山下町（城山下、旧城址）に開校。

第七高等学校造士館（以下、七高と略す）は、明治初期の本学校の流れをくみ、校名を何度か変更し、おおまかには同24年、島津忠義が申請した官立（国立）鹿児島高等中学造士館としてスタートしました。文部省直轄の高等中学校は全国で7校、旧藩校名まで用いたのは鹿児島のみでした。同27年に「高等学校令」が出されたこともあって、同29年に廃止されましたが、島津忠重の働きかけもあって、この年に、官立として再興（高等中学校から高等学校へ）しました。学校の敷地・建物から開校後数年間の費用まで、島津家が国に寄付した資金で運用されました。最初の卒業生は、87名でした。後の文理学部（法文学部と理学部）です。

このように鹿児島高等中学造士館が廃止されたため、県は県立の尋常中学造士館と改称し、生徒を収容するとともに、県立尋常中学校から2～4年生までの生徒各40名を転学させました。

同34年に七高の開校に合わせ、この県立尋常中学造士館の3年生以下を収容して、県立第一中学校分校は開校しました。分校は、最初の場所は山下町（現在の中央公園）でしたが、翌年、上荒田町に移転しました。甲突川南部地区の広い田んぼの中、宅地のはずれに建てられた2階建て木造校舎でした。同39年には、県立第二鹿児島中学校（以下、二中と略す）として独立校となります。

明治35（1902）年　鹿児島県立高等女学校開校。

場所は加治屋町（現在の鹿児島中央高校地）で、修業年限は4カ年、生徒定員400名でした。同43年、鹿児島県立第一高等女学校（以下、一高女と略す）と改称し、戦後、鶴丸高校へつながります。

明治39（1906）年　松原・西田・中洲・八幡尋常小に高等科設置、尋常高等小学校とする。

【第一高女】

尋常小学校7校の卒業者のうち、高等小学校進学児童は男女で941名、高等小学校男女両校の収容力は500名程度でした。そのため、松原・西田・中洲・八幡の4尋常小学校に、2カ年程度の高等小学校の教科を併置して授業を開始し、4校の校名も尋常高等小学校としました。

山下・名山・大龍小3校の進学希望者は、男子校と女子校に通学しました。

明治40年には、尋常小学校の修業年限を4年から6年にし、義務教育を6年に延長しました。これとともに、高等小学校を2年とし、延長して3年にすることもできる（市では明治42年より実施）としました。義務教育の延長により、7小学校とも教室が不足しました。そのため、

① 尋常小学校1・2年生の授業を午前・午後の2部に分けるという、二部授業を組んだ。
② 明治42年度に山下・松原・八幡の3小学校の校舎を増築した。
③ 同42年度から男子校に山下小の仮教場を、女子校に名山小の仮教場を設けた。同43年度は、男子校に大龍小の仮教場を設け、名山小は継続です。

明治41（1908）年　鹿児島県立商船学校開校。

開校当初（山下町）は航海科と機械科です。同43年水産科を併置して、鹿児島県立商船水産学校となり、下荒田町に移転しました。航海科卒業生は、海軍予備員の該当者と認定されました。昭和14年官立へ移管し、戦後鹿児島水産専門学校となりました。後の水産学部です。

明治42（1909）年　鹿児島高等農林学校開校。

同40年、国家予算によって南方開発を使命とする第二高等農林学校（第一は盛岡高等農林学校　宮沢賢治で有名）を市の荒田村に設置することが確定しました。学校敷地は約9万坪で、校外には高隈演習林・佐多農林実習場などがあり、大正年間には、農学・林学・養蚕学・農芸化学の4学科制

となり、校外施設も種子島牧場、指宿植物試験場等が増設されました。後の農学部です。

尋常中学校を単に中学校と改称しています。

明治43（1910）年　師範学校男子部を鹿児島郡西武田村に新築移転。

鹿児島県立第二高等女学校（以下、二高女と略す）開校。

鹿児島市立商工補習学校開校。

男子部を鹿児島県師範学校とし、女子部を独立させて鹿児島県女子師範学校としました。後者は、もとの校舎（山下町　現在の名山小地）で、翌年それぞれ附属小学校を設置したため、県立小学校が2校となりました。男子部の新校舎は、玄関がアーチで、豪壮な木造2階建てでしたが、その周辺は、一面の田畑で、「西田の伊集院街道が一筋あっただけ」という状態でした。なお、田上小学校（当時は市外）が、大正3年に代用附属小学校に指定されています。

二高女は、女子師範学校と併設して、山下町に開校しました。両校は同一の校地に立ち、教師はすべて両校の授業を担当して一体的に経営されていました。戦後、甲南高校へとつながります。

鹿児島市立商工補習学校は、商工業上必要な知識技能を習得すること

【二高女と女子師範】

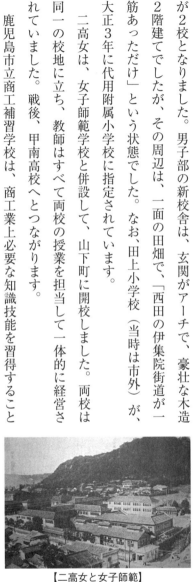

を目的とした夜間課程の市立学校です。修業期間は6カ月で、商業学校内に設立されました。

明治44（1911）年　鹿児島市立女子興業学校、上之園町へ移転。
（現共研公園です。校地面積3604坪で、校庭に立てば、唐湊の一帯まで見渡せました）

大正元（1912）年　清水尋常小学校開校。
一中、薬師町へ新築移転。

【一中（薬師町）】

清水小は、市制施行後、初の小学校新設校です。同年2月から校舎建築を始めたため、男子校・女子校・大龍小等に仮教場を置いています。

一中は、明治43年に火災で校舎を焼失した後、隣にあった県立商船水産学校（下荒田町へ移転）の校舎を利用していました。

大正2年に、西田小が西田町から薬師町へ、翌3年に、中洲小が高麗町から上之園町へ移転です。この年に、男子師範学校で、天保山から谷山沖まで約6㎞の遠泳が初めて行われ、他校にも広がりました。同6年、清水小が磯から桜島までの遠泳を行っています。

市内の8尋常小学校では、第1学年から第6学年までの学級総数は147、児童総数は8057

名で、就学率は98・51％です。高等小学校は、男子校（3年制）が学級数16、児童数752名、女子校（2年制）が学級数11で、児童数535名でした。

大正4年には、男子校と女子校がそれぞれ尋常科児童を収容し、鹿児島尋常高等小学校、鹿児島女子尋常高等小学校と改称しました。

大正7年には、七高が高等科のみとなり、高等科を文科と理科に分けました。生徒定員は600名以内で、1学級当たりの生徒数を40名以内としました。男子の遠泳に対して、女子は長距離歩行です。特に、二高女では、鹿児島〜国分間の折り返しの「十七里遠行」を行っています。

大正9（1920）年　商業学校、下荒田町騎射場に移転。県立工業学校（現在の鹿児島工業高等学校）開校。鹿児島県第二師範学校開校。

商業学校は、前年に類焼の火難で、全校舎を焼失しました。この移転により、二中、師範学校、女子興業学校、県立商船水産学校、一中に続いて、甲突川以北から以南へ移転した中等学校は、6校となりました。なお、商業学校は、定員を700名に増加していましたが、とても人気があり、昭和元年には志願者10名に対し、合格者1名の割合になっていました。

県立工業学校は、機械科・建築科・家具科でスタートし、同12年に家具専修科を設け、同14年に家具科が廃止です。草牟田町（甲突川以北）に開校しますが、県立の他校が甲突川以南に移転していたことも関係します。

鹿児島県第二師範学校は、日置郡西市来村湊町に新設されました。児童数の増加に伴い、教員の確保と質の向上が求められました。従来の2校（武町と山下町）と合わせ、3校体制となり、大正末から昭和初期にかけて、3校の生徒総定員が２０００名にまでなっていました。

大正11（１９２２）年　一高女に専攻科が併設された。

（県最初の女子高等教育機関です。男子は七高と高等農林学校です）

荒田尋常高等小学校（高麗町）開校。

鹿児島女子尋常高等小学校（女子校）と名山小学校（同8年に校舎が延焼の火難にあっていた）を廃止して、鹿児島尋常高等小学校（男子校）に合併しました。高等科は、大龍・荒田・西田小に分立併置されたため、甲突川以北に大龍・鹿児島の2校、以南に荒田・西田の2校です。

特に、3校を合併した鹿児島尋常高等小学校は、尋常科・高等科・補習科（実業補習学校もありました）を合わせて、58学級、児童総数３２１４名の大規模校となりました。旧女子校との境界にあった高い石垣も取り除かれ、校舎も運動場も一体化しました。男女別学を改めて、男女併学（同じ学校でも教室は別々です）です。

一中、二中とも、明治期は生徒定員600名でしたが、入学志願者が年々増加していました。大正期に定員を増やしましたが、一中は1200名で2倍に、前年に870名だった二中も第1学年から5学級制とし、学年進行に伴って学級数を増加させる計画でした。同7年に二中では、約8倍の競争率となっていました。高等女学校も同様で、一高女で400名から600名に増やしたり、二高女で学級数を増やしたりしましたが、校地が狭く、校舎など施設面での制約がありました。同12年からは、両校とも修業年限4カ年を5カ年に延長しています。

大正13（1924）年　草牟田尋常小学校開校。

この年女子興業学校が、翌年には一高女と二高女が、生徒の服装を、和服・袴着用から洋服（セーラー服）に改めています。

大正14年には、一中と二中、師範学校等の男子中等学校に、現役の陸軍将校が配属されて、軍事教練の教育を担当しました。鹿児島尋常高等小学校は、児童数4千数百名まで増加しました。

昭和元（1926）年　鹿児島市立青年訓練所設立。

小学校修了後職業に従事している勤労青年の教育制度として、実業補習学校がありましたが、10代半ばまでを対象としていました。そのため青年訓練所は、16～20歳までの男子を対象とし、就学期間は４年です。10カ所設立されましたが、すべて小学校に併設されました。

実業補習学校と青年訓練所は、後の青年学校（２１７ページ参照）につながります。

昭和２年３月には、県立商船水産学校の練習船霧島丸が、千葉県沖で暴風雨のため遭難し、乗組員53名（船員23名、実習生30名）全員が死亡しています。霧島丸は１０００ｔの木造船で、南洋諸島に向かう途中でした。

学校名	所在町名	校区（町）・戸数	学級数	児童数（尋常科・高等科）
松原尋常小学校	山之口町	３町・３５０９戸	40	２１９９
八幡尋常小学校	下荒田町	１町・１２５１戸	16	７８０
中洲尋常小学校	上荒田町	３町・２９４４戸	27	１６１６
山下尋常小学校	西千石町	５町・２１３２戸	30	１５４０
大龍尋常高等小学校	上竜尾町	９町・２３４３戸	36	１４５１・４２５
西田尋常高等小学校	薬師町	５町・２２８９戸	30	１４２４・１６４
鹿児島尋常高等小学校	山下町	19町・４９７２戸	62	２７４３・８５６
清水尋常小学校	清水町	８町・１９７５戸	27	１４６６
荒田尋常高等小学校	高麗町	３町・１７５５戸	35	９５８・９９９
草牟田尋常小学校	草牟田町	４町・１２３５戸	15	７２４

前ページの一覧表（「昭和二年度鹿児島市学事一覧」によった鹿児島市史Ⅱ巻876～877ページの一覧表を一部変更したもの）は、昭和2年の市内小学校の規模等です。学校の並びは、設立年月順です。大正12年と比べると、5年間に、尋常科が56学級・1331名、高等科が5学級・475名増加しています。就学率は98・35％ですが、「所在不明234」という記録もあります。

学校別に見ると、鹿児島尋常高等小学校の規模が大きく、全国的にも有数の大規模校でした。設置年月日は、松原小と八幡小が明治9年です。鹿児島尋常高等小学校は、高等小学校（男子校）の設立時で、同25年です。同校には名山小が含まれていますので、名山小設立とすると、同11年になります。荒田小のみ、高等科が尋常科を上回っています。

昭和4（1929）年　県立鹿児島盲唖学校（草牟田町）開校。

市の特殊教育は、明治・大正を通じて、私立の鹿児島盲唖学校と鹿児島盲唖学院の両校で実施されてきましたが、鹿児島盲唖学校を県に移管して県立とし、鹿児島盲唖学院も統合です。児童生徒101名でした。同11年、同じ草牟田町に新築移転（146名）しましたが、同20年には、軍の駐屯所となり閉鎖となりました。

この年、小学校に学校衛生婦を配置しようとしました。アメリカで児童

【二中（上之園町）】

生徒の健康管理に成果があるということで実施されましたが、医学や養護のきちんとした資格者がいないというのが実態でした。

昭和5（1930）年　洲崎尋常小学校（現在の城南小学校）開校。

二中、本館新築完成。

洲崎小は、地域の社会教育振興もあり、施設は市内最上といわれました。二中の本館は、鉄筋3階建て、延べ2029坪で、県内最初の鉄筋3階建て校舎でした。

昭和8（1933）年　天保山高等小学校開校。

荒田小の高等科を移し、荒田小を尋常小学校としました。荒田小のみ、高等科が尋常科を上回っていました。同15年には、天保山高等小学校の名称を廃止し、この場所に八幡小を移転し、高等科を併置して、八幡尋常高等小学校としました。

【一高女（加治屋町）】

昭和9年には、市の第3次編入により、中郡・宇宿・田上・川上・吉野・竜水小の6小学校が市に移管されました。これで、市内の小学校は18校です。

昭和10（１９３５）年　一高女、鉄筋３階建ての新校舎と講堂完成。

市立の青年学校７校開校。

この淡黄色の新校舎（現鹿児島中央高校）は、同年11月に陸軍特別大演習が鹿児島であった際、昭和天皇の行在所《あんざいしょ》として用いられました。玄関の庇《ひさし》は、２階からのお立台としても使われました。

青年学校７校の生徒総数は、２５９４名です。青年学校は、男女勤労青年に教授・訓練をする制度でしたが、全国的に就学率が低かったため、同14年から義務制（男子のみ）となりました。満12～19歳までの中学校や師範学校在学者・修了者以外の男子が対象でした。なお、青年学校には「家事及び裁縫科」がありましたが、同14年に「家庭科」に変わりました。家庭科の初見です。

昭和12（１９３７）年　武尋常小学校開校。

七高、鉄筋２階建ての本館完成。

これまで中洲小校区だった武町・上荒田町が武小校区です。清水小に高等科を併置して、清水尋常高等小学校としています。

七高は、同２年には、学級数18、生徒数６９４名でした。旧本館は、明治天皇臨幸記念館として、磯の旧位置に移築されました。この年には、生徒に

【七高全景】

長髪禁止令が出されています。

昭和15（1940）年　鹿児島市立中学校・高等女学校開校。入学難の緩和を図るとともに、紀元二六〇〇年を記念しての創立です。両校とも第1学年の学級数4、生徒数200名です。また、私立鶴嶺高等女学校（明治29年開校、校長は島津氏夫人で、島津家の援助を受けました。下の写真では生徒は授業中正座しています）を市に移管しました。この3校が、戦後、玉龍高校へとつながります。

【明治29年の鶴嶺女学校】

小学校、青年学校で、男子4km、女子3km以内の電車通学を禁止。七高に、「報国団」結成です。

昭和16年には、「小学校」を「国民学校」と改称しました。国家主義的傾向が強くなりますが、義務教育年限を8年としました。初等科（尋常科から変更）6カ年、高等科2カ年です。初等科修了後、中等学校に進学した者は、中等学校の2年修了で、義務教育終了です（戦争のため実施せず）。高等科の必要性はさらに増し、同17年には中郡・武国民学校に、同20年には洲崎・草牟田・西田国民学校に高等科を併置しました。

昭和17年には、県が各高等女学校へ、外国語の廃止と、実業科農業の履修を通達しています。

昭和18（1943）年　師範学校が高等教育機関に昇格し、官立となる。

鹿児島県立鹿児島医学専門学校（後の医学部）開校。

同9年には、第一師範学校が第二師範学校（日置郡西市来村）を統合して、師範学校と改称していました。これに伴い、附属国民学校も、県立から官立となりました。

昭和19（1944）年　八幡国民学校と商業学校が、敷地と校舎の交換を完了。

鹿児島青年師範学校（伊敷町）設立。

商業学校は天保山町に移りますが、戦時中ということで、市立工業学校が併置されました。商業科の代わりに航空科・工業化学科・土木科の募集です。

鹿児島青年師範学校の前身は、大正12年設立の県立実業補習学校教員養成所です。附属青年学校もあり、全国有数の施設でした。さらに、この年には、県立から官立へと移管し、男子部及び女子部を置き、修業年限を3年としました。

【商業学校（天保山町）】

昭和20（1945）年　鹿児島県立工業専門学校（後の工学部）開校。

空襲も激化してきたため、始業式は10月でした。同様に、多くの学校は空襲で焼失し、生徒も軍需工場に動員され、日常的な学校運営はできませんでした。県外動員としては、各中学校生徒が愛知県半田市の軍需工場に動員されたり、七高の生徒106人が長崎市の軍需工場に動員され、長崎原爆で14名死亡、負傷者多数ということもあったりしました。

鹿児島市が、旧市内の9割を戦災によって焼失したため、学校教育における物的教育環境は、皆無に等しくなりました。18の国民学校で焼け残ったのは、宇宿、田上、武、吉野、川上等の8校でした。

【青年学校】

第2章　戦後～現在

戦後、大龍・清水・西田・草牟田・中洲・八幡の各国民学校の校舎は、旧鴨池航空隊の建物を移築（八幡の一部は市立工業学校の校舎を使用、翌年には八幡は市立商業学校校舎に移転）し、その他の焼失した学校は、やむをえず、焼け跡にて授業を再開しました。

荒田小学校の青空教室の様子です。

始業の午前九時になっても始業のベルも鳴らない。ボロボロの服に裸足の子供たちが、かきねのない校庭に入ってきて、いくつかのグループができると、真中で子供にまけないぐらい汚い服を着たおとながしゃべりだす。青空からは遠慮なく太陽がふりそそぐ。

中等学校や他校も学校再建へ苦心の連続でした。それぞれ再開場所をみつけ、移転を繰り返しました。特徴的なのは、二中と一高女です。両校とも鉄筋3階建て校舎で、戦災を免れました。二中は、アメリカ軍が兵舎としたため、木造の伊敷旧兵舎に移転し、翌年本来の校舎に復帰しました。一高女は、本館の2階を、9月から同22年4月まで県庁が使用しました。

昭和22（1947）年　義務教育9カ年制実施、男女共学制の小学校と新制中学校が発足。

この時の市立小学校は、宇宿・中郡・田上・武・中洲・八幡・西田・草牟田・山下・城南（前年に洲崎から城南へ改称）・清水・大龍・川上・吉野・竜水の15校（鹿児島、松原、荒田の3校については後述　休校が続いていました）です。

新しい教育制度で生まれた新制中学校は、校庭も校舎も何もないところからスタートしたため、どの市町村にとっても重要かつ難しい問題（例えば谷山町、拙著『谷山の歴史入門』162～166ページ参照）でしたが、鹿児島市の場合、戦災都市である市の区画整理の進行中であったため、その計画を多少変更し、換地によって敷地を準備し、他都市よりも早く中学校を整備できました。建物については、起債が許可されたため、起債によって建築できました。

新制中学校は、5月に、第一～第六・第九の7中学校が、学級数97・生徒総数5013名で創設されました。当時の社会状況から、例えば、第三中は旧歴史館跡に、第六中は武・田上両小に開設されました。しかも雨漏りに耐え、筵敷きに、みかん箱の代用机を利用するなど、施設・設備の貧困の中で、二部授業・三部授業をすすめました。翌年、第七・第八中学校が創立されました。

昭和23（1948）年　修業年限3カ年の新制高等学校発足。

県立鹿児島盲学校と県立鹿児島聾学校が独立校として開校。

新制の中・高等学校については、アメリカ軍政部の考えで統合が進められました。新制高等学校は、通学区域制の採用で、男女共学、同一校に普通課程と職業課程とを合わせもつ総合制でした。それぞれ新制中学校も併設しました。鹿児島県鹿児島高等学校と称し、市内の県立5校は、工業学校を第一部、二高女を第二部、一高女を第三部、二中を第四部、一中を第五部としました。同様に、市立の4校と青年学校3校も統合移行して4部に転換しました。県立と市立で9校です。

しかし、あまりにも実情を無視した総合制であったため、県立高校は、同24年に、第三部と第五部を統合して鶴丸高校（加治屋町）・第二部と第四部を統合して甲南高校（上之園町）・第一部を鹿児島工業高校（草牟田町）の3高校に、市立高校は、同25年に、玉龍高校（稲荷町）・鹿児島商業高校（天保山町）・鹿児島農芸高校（吉野町）の3高校に分離独立しました。

盲学校は、同26年清水町に移転、さらに同35年下伊敷町に鉄筋校舎を新築して移転しました。小学部・中学部・高等部が設置されています。聾学校は、同29年小学部が鉄筋3階の校舎を建てて以来、鉄筋校舎を拡充整備し、小学部・中学部・高等部に分けています。その後、同43年に幼稚部、同51年に専攻科（理容科）を増設です。また、田上小に、初めて「促進学級」として特殊学級が設置されました。中学校では、天保山中の同28年が最初です。

昭和24（1949）年　修業年限4カ年の新制大学（鹿児島大学と鹿児島県立大学です）発足。

校舎建築期成同盟結成。

鹿児島小学校開校（6月、名山小学校と改称です）。

鹿児島大学は、七高を文理学部（山下町　文科と理科に分かれていました　211ページ参照）に、師範学校を教育学部（下伊敷町）に、農林専門学校を農学部（上荒田町）に、水産専門学校を水産学部（下荒田町）にしての4学部です。但し、分散しているため統合整備計画を決定。水産学部は学部の性格上そのままで、3学部を上荒田町とその南部地区に統合するものです。

鹿児島県立大学は、医学部・工学部の2学部と短期大学部とで発足しました。医学部は医学専門学校と戦後認可された県立鹿児島医科大学を、工学部は工業専門学校を、短期大学部は一高女の専攻科を引き継いだものです。

校舎建築期成同盟は、戦災によって焼失した小学校校舎の復旧方策として、市が結成したものです。市民の1口500円以上の出資によって、1500万円の資金を得て、八幡・荒田・大龍・中洲・西田・名山の各小学校建築を進めました。出資金については、寄付ではなく、市は同28年まで、3年間に利子をつけて支払うという方法です。

この年、中学校は、すべて校名を改称しました。第一から第九まで順に、吉野・清水・長田・甲東・城西・武・甲南・天保山・鴨池中学校です。

昭和25（1950）年　鹿児島大学教育学部附属小学校開校（男女とも武町に合併）。

鴨池小学校（郡元町）開校。

清水中学校、稲荷町に移転（玉龍高校の移転で、その跡の校舎に移転）。

附属小は、同34年に、郡元町の現在地に移転しました。

玉龍高校は、福昌寺跡（池之上町）に新校舎を建て、同26年1月から移転を開始し、同27年10月に全員の移転を完了しています。玉龍高校の一部移転が始まると、清水中が移転しています。

「市政だより」（昭和26年2月号）は、「連合軍の好意により、全国市政地域三百万人の学童」に対して給食が実施されるとし、市では4月から川上・吉野・中洲・八幡・宇宿・附属小の6校で完全給食の実施予定、と伝えています。

小学校校舎の復旧率は、同21年には戦災前の32％にすぎませんでしたが、同25年には55％となり、大部分の二部授業（午前授業と午後授業に分けたこと）も解消しました。児童総数は2万4505名で、99・4％の就学率です。

この年、伊敷村と東桜島村を編入したため、伊敷村の伊敷・玉江・小山田・犬迫・皆与志の5小学校が、東桜島村の東桜島・改新・高免・黒神の4小学校が市に移管されました。同様に、中学校も伊敷・河頭・東桜島・同黒神分校（同29年、独立校に昇格）の4校です。

昭和26（1951）年　鹿児島大学教育学部附属中学校開校。

師範学校附属中と青年師範学校附属中を統合して、下伊敷町の教育学部内に開校（同30年、山下町移転）です。伊敷中が代用附属中学校に指定されています。甲東中に鉄筋3階建ての校舎が完成しましたが、この校舎は、将来の中学校校舎の標準を示すものとして、全国に紹介されました。

昭和27（1952）年　松原小・荒田小学校開設。

松原小は城南小の仮校舎で再開し、11月に南林寺町の新校舎に移転です。荒田小は、中洲小の仮校舎で再開し、上荒田町の新校舎の竣工のたびに移転し、同28年6月に移転を完了しました。

昭和28・29年度には、市内小学校全児童を対象に「はえとりコンクール」が開催されました。11月の1週間でとったハエの数は58万余匹、翌年2月の2週間は211万余匹、4～5月にかけては1552万余匹です。すごい数字ですね。このコンクールは他地域へも広がりました。

昭和30年には、原良小学校（原良町）開校です。戦後、市街地の拡大による最初の新設校です。

昭和31（1956）年　鹿児島市立鹿児島女子高等学校開校。

鹿児島商業高校が大規模校であったため、適正規模とする必要から、新2・3年生の女子生徒全員が転学しました。県下で初めての女子単独の公立高校です。伝統的には明治からの市立女子興業学校の復活です。同34年に移転を完了しますが、新校舎は、１８３５年以来、島津家別邸であった玉里邸跡を市が購入した地に、建築されました。

昭和32年には、南小学校（郡元町）開校です。同35年３月に、鴨池小仮教室からの移転完了です。

昭和33（１９５６）年　鹿児島県立大学、鹿児島県立短期大学と改称。

同30年に、医学部と工学部の鹿児島大学移管が決定し、学年進行とともに、この年移管を終了しました。短期大学部が、文科・家政科・商経科の３学科です。鹿児島大学は６学部です。

昭和34年には、玉江小学校が下伊敷町（教育学部跡）に移転し、南中学校（郡元町）開校です。

昭和37（１９６２）年　附属中、郡元町に移転。

この移転により、鹿児島大学の統合整備計画（２２４ページ参照）は、満10年の歳月を費やして、完成しました。水産学部を下荒田町、医学部を城山町、他の学部と教養部を上荒田町・鴨池町にわたる11万坪の校地です。規模は、国立大学74校の中で、15位です。

昭和38（１９６３）年　名山小学校、山下町に移転。

（復興以来、長田中と同一地域でしたが、附属中学校跡に移転です）
武中学校、武岡団地へ新築移転。
（それまでは武小と一緒でした。翌年の生徒数は１７４８名です）
鹿児島県立鶴丸高等学校、薬師町（旧一中跡）に移転。
鹿児島県立鹿児島中央高等学校開校。

中央高校は、当初は鹿児島県立短期大学内の仮校舎で開校しました。鶴丸高校の移転に伴い、加治屋町に移転しました。中学校生徒の急増に対する対策が課題となっていました。鶴丸高校には定時制高校の日新高校がありましたが、中央高校に引き継がれました。

なお、城西中の生徒数が３５２８名で、開校以来の最高です（全国有数の大規模校で、おそらく生徒数日本一と考えられますが、確かな記録がありません）。

昭和39（１９６４）年　紫原小学校（郡元町）開校（新校舎は、鉄筋4階建てです）。

中学校に関しては、この年から全市の各学校の生徒数の記録が残っています。城西中が３４０６名、２０００名以上が甲南中と鴨池中、ほとんどの学校が１０００名以上です。全生徒数は2万１４６７名です。東桜島の2校を入れた14校で、平均１５３３名です。

小学校は、42年度から（43・44年度は資料がないため省く）児童数の記録が残っています。

昭和30年代からは、市街地や住宅地の拡大、大規模校解消等によって、新設校の開校が多くなりますが、市の発展と関係するため、開校場所（当時の町名）と小中学校については、その時の児童生徒数（その年の5／1現在）も記述します。

昭和40（1965）年　鹿児島県立鹿児島農業高等学校（坂元町）開校。農業高校は、市立鹿児島園芸高校（吉野町）と、市立鹿児島農芸高校（伊敷町）とを統合して、県に移管し、新設されました。園芸科・農産化学科・家庭科の設置です。両校とも昭和25年発足の鹿児島農芸学校（223ページ参照）の流れをくむ学校ですが、統廃合の過程の中で、昭和20年代には、鹿児島大学教育学部附属高等学校と称していた学校もありました。

鹿児島大学の文理学部が、法文学部と理学部に分離し、教養部も法的に独立した部となり、鹿児島大学は、7学部・1教養部となりました。

昭和41（1966）年　鹿児島県立養護学校開校。吉野町に本校、下伊敷町に伊敷分校を開設しました。伊敷分校は、伊敷にあった県立整肢園（肢体不自由児の施設）の子どもを受け入れるためです。同50年に、鹿児島養護学校と校名変更です。名山小に、九州で初めての言語治療教室を設置しています。

昭和42（1967）年　伊敷小学校、隣接地に新築移転。紫原中学校（鴨池町・399名）開校。教育学部分教場が教育学部の移転によって市に移管され、市立農芸学校になっていましたが、伊敷小はその跡地に移転です。玉江・名山・伊敷小3校の移転は、教育学部の移転に伴うものです。紫原中は、その後毎年増え続け、同47年には1000名以上、同51年には1500名以上です。給食センターの完成により、全中学校に完全給食の実施です。それまでは長田・天保山・黒神・東桜島中の4中のみでした。

谷山市と合併前の同42年の小学校は、学校数31、学級数831、児童数3万3110名です。同様に、中学校は、学校数15、学級数442、生徒数1万8904名です。

なお、城西中は、学級数68、生徒数3104名（この年まで3000名台）です。小学校では、中郡小が2031名で唯一の2000名台、市内中心部は、ほとんどの学校が1500名前後です。

高等学校は、県立6校、市立3校で、生徒数は、県立全日制7401名・同定時制1153名・市立4100名、総計1万2654名です。

谷山市と合併したことによって、谷山市の谷山・和田・中山・宮川・錫山・福平・平川・福平小火の河原《ひのこら》分校の8小学校と谷山・和田・谷山北・錫山・福平中の5中学校、県立谷山高校が鹿児島市内の学校となりました。8校の児童総数は4719名でした。

特に、谷山小は、同33年には児童数が3000名を超えました。同41年は2701名ですが、文部省の「初等教育資料」の中に、日本一の児童数とあります。

昭和43（1968）年　東谷山小（上福元町・311名）開校。

鹿児島西高等学校（下伊敷町）開校。

谷山市時代に、谷山小の分割が決定していました。3年計画で、学校に近い集落から順に1～6年生までの全児童を一緒に移しました。その時の児童数は、1184名です。

西高校は、定時制夜間課程の日新高校と鶴丸高校通信教育部を統合し、新たに定時制昼間課程を加えての開校です。谷山高校が、合併に伴い、鹿児島南高等学校に改称です。県内公立唯一の体育科があります。谷山高校は、戦後谷山町立谷山高校として開校し、その後県立となっていました。

昭和44（1969）年　大明丘小（吉野町・708名）・西紫原小（紫原4丁目・689名）開校

（住宅表示で、当時、紫原だけ「紫原○丁目」です）。竜水小閉校。

農業高校が鹿児島東高等学校と改称。

吉野小は1060名、紫原小は1233名です。竜水小の児童は、吉野小と清水小に通学です。

なお、紫原・西紫原小両校の合計児童数が2000名以上なのは、昭和46～平成8年の長きに亘ります。さすがに戸数の多い団地だけのことはありますね（156ページ参照）。

東高校は、家政科を普通科に変更し、他に園芸科・農産化学科です。

昭和46（1971）年　錦江湾高等学校（平川町　普通科と県初の理数科設置です）開校。

鹿児島商業高校、天保山町から坂元町へ新築移転。

商業高校の天保山町の校舎は、昭和8年建築で古く、また敷地も狭い（坂元町は4倍近い広さ）ものでした。山下小に、情緒障害児学級を開設しました。当時全国的には、東京、大阪、三重の公立学校にしかありませんでした。同49年には、難聴児学級も開設です。

昭和47（1972）年　草牟田小、新築移転（冷水町）。広木小（田上町・438名）開校。

前年度2123名だった田上小が、1845名です。

昭和48（1973）年　坂元小（坂元町・979名）・明和小（小野町・886名）・西伊敷小（伊敷町・1199名）開校。緑丘中（岡之原町・406名）開校。

前年度1993名だった大龍小が1158名に、2200名だった原良小が1693名に、1874名だった伊敷小が932名になっています。

緑丘中は、同49年1月の開校です。生徒数は同49年度のもので、同54年には1000名以上です。

昭和50（1975）年　武岡小（田上町・562名）開校。和田中、新築移転（和田町）。

武岡地区では、前年度から市営住宅の造成が始まっていました。和田中は、七ッ島に近い海辺にありましたが、臨海工業用地の造成に伴い、その根幹となる産業道路の建設で、移転となりました。

昭和51（1976）年　明和中（原良町・691名）開校。福平小火の河原分校休校。

　甲陵高等学校（日置郡郡山町　普通科と県初の人文科設置です）開校。

明和中は、同53年には1000名以上、同58年には1500名以上、同62年には最高の1957名です。前年度2756名だった城西中が2265名です。

昭和52年には、鹿児島大学歯学部が設置です。同60年には医療技術短期大学部もできますが、両学部とも、宇宿町にあった医学部及び医学部付属病院（155ページ）の隣接地に設けられました。

昭和53（1978）年　西陵小（西陵1丁目・579名）・西谷山小（上福元町・787名）・桜丘西小（桜ヶ丘2丁目・100名）開校。

前年度1891名だった田上小が、1349名です。田上小は、広木・西陵と分かれたことになりますが、この年から平成4年まで、3校の合計児童数は、3000名以上です。

前年の谷山小は、2504名です。東谷山小の開校で、数年は2000名以下となりましたが、その後増加傾向となり、西谷山小の開校となりました。

桜丘西小は、桜ヶ丘団地の造成に合わせての開校ですが、3年後の児童数は、1099名です。

昭和54（1979）年　錦江台小（下福元町・1067名）開校。西紫原中（宇宿町・660名）・坂元中（玉里団地3丁目・848名）開校。

武岡台養護学校・皆与志養護学校開校。

前年度1807名だった和田小が、960名です。

前年度1730名だった紫原中が1163名、同様に1248名だった清水中が864名です。

武岡台養護学校は、用地買収難などで新校舎が間に合わず、翌55年に小野町に新築移転です。養護学校両校の開校は、養護学校義務化に伴うもので、これにより、県内唯一の重度・重複障害児学級として中洲小にあった「つくし学級」（同51年設置）は、閉鎖されました。

昭和55（1980）年　東谷山中（上福元町・818名）・桜丘中（桜ヶ丘2丁目・251名）開校。鹿児島大学教育学部附属養護学校開校。

前年の谷山中は１８６７名で、開校以来最高の生徒数でした。この年は１１０６名です。
東谷山中は、昭和61～平成10年まで１０００名以上です。桜丘中は、同59年には５００名以上となり、平成４年の８８３名が最高です。

昭和56（１９８１）年　吉野東小（吉野町・８３０名）・星峯西小（星ヶ峯４丁目・４７１名）開校。

前年度２２３８名だった吉野小が、１５００名です。吉野小は、大明丘・吉野東と３校に分かれますが、同53～62年まで、３校の合計児童数は、３０００名以上です。
星峯西小は、２年後には１０００名を超え、さらに４年後には１５７６名です。

昭和57（１９８２）年　桜丘東小（桜ヶ丘６丁目・６１４名）開校。
星峯中（星ヶ峯４丁目・１５３名）開校。

前年度１０９９名だった桜丘西小が、７４１名です。両校の合計児童数が最も多いのは、同62年の１９４１名です。星峯中は、同62年には５００名以上、平成５～９年まで１０００名以上です。

昭和58（１９８３）年　向陽小（田上町・４５２名）・吉野東中（吉野町・４９０名）開校。

松陽高等学校（日置郡松元町）開校。伊敷養護学校開校。

前年度１１３３名だった宇宿小が、８１７名です。前年度１８８１名だった吉野中が、１３９５名です。伊敷養護学校は、鹿児島養護学校の伊敷分校が独立したものです。

松陽高校は、平成7年には、音楽科・美術科を新設し、翌年には普通科に書道コースを設けて、学校芸術教育の拠点校化を進めています。

小学校の児童総数は、昭和45年度から増加し続け、この年の４万９５９１名がピークです。

昭和59（１９８４）年　清和小（上福元町・８５６名）・西陵中（西陵5丁目・５５３名）開校。

前年度２１２３名だった東谷山小（この時は魚見町）が、１３６６名です。

谷山小（校区）は、この15年ほどで、大まかには4つの小学校（谷山・東谷山・西谷山・清和）に分かれたことになります。この年の4校の合計児童数は、４７５０名です。最も多くなるのは、同61年の４９１４名です。合併当時の谷山市全体の児童数が４７１９名ですので、旧谷山小校区だけで谷山市全体を超えていますね。

西陵中は、平成19年まで５００名以上で、長く７００名前後が続きます。

なお、武岡小の児童数が、開校以来最高の２２８８名で、日本一です。

昭和60（1985）年　坂元台小（西坂元町・880名）開校。

前年度2159名だった坂元小（この時は玉里団地3丁目）が、1220名です。なお、坂元小が2000名を超えるのは同54年からで、この年まで両校で2000名以上です。


昭和61（1986）年　花野小（岡之原町・600名）開校。

宮川小学校、新築移転（五ヶ別府町）。

前年度1299名だった伊敷小が、852名です。宮川小の移転は、皇徳寺ニュータウンの造成に伴うものです。移転時の児童数は300名ですが、5年後は1427名です。


昭和62（1987）年　武岡台高等学校（小野町　普通科と情報科学科です）開校。

この年、武岡小が2042名ですが、市内最後の2000名台です。昭和42年以降（43・44年を省く）に、2000名以上になった小学校は、次の通りです。但し、新設校設置により、大規模校解消となった学校が多いことは、要注意（239ページの中学校も同様）です。

中郡小（同42年）、原良小（同45～48年）、玉江小（同46～48年）、大龍小（同47年）、田上小（同47年）、吉野小（同54～55年）、坂元小（同54～59年）、武岡小（同56～62年）、谷山小（同42年、同45～52年）、東谷山小（同54～58年）

中学校の生徒総数は、昭和40年代は微減傾向ですが、同51年から増え続け、この年が2万511
8名でピークです。

昭和63（1988）年　星峯東小（星ヶ峯1丁目・754名）開校。
　　武岡中（小野町・1050名）開校。

前年度1576名だった星峯西小が1054名です。両校の合計児童数が最も多くなるのは、平成4年の2186名で、2000名以上は、平成元～6年までです。前年度1957名だった明和中が、880名です。武岡中は、この年と翌年の2年間1000名以上です。

平成元（1989）年　武岡台小（小野町・790名）開校。

前年度1906名だった武岡小が、984名です。

小学校の校舎は、昭和53年には鉄筋が65・10%、木造が34・90%でしたが、この年には、鉄筋が98・29%です。同様に中学校も鉄筋が64・84%、木造が35・16%でしたが、鉄筋が97・83%です。

平成2（1990）年　皇徳寺中（皇徳寺台3丁目・403名）開校。桜丘養護学校開校。
皇徳寺中は、翌年には500名以上となり、同9～14年まで1000名以上です。

桜丘養護学校は、県立整肢園の移転に伴う、伊敷養護学校の移転による開校です。同20年に、利用者減で同園が廃止された後は、肢体不自由児と知的障害児の両方を受け入れる「併置校」となりました。同25年からは、武岡台養護学校と鹿児島養護学校も「知肢併置校」です。名山小に、外国人や帰国子女を対象にした県内初の「日本語教室」が開設です。

この年まで城西中が1500名以上です。昭和39年以降、1500名以上になった中学校は、次の通りです。（谷山中は、「鹿児島市立」となった同42年以降を対象）

清水中（同39〜42年）、甲東中（同39〜41年）、城西中（同39〜平成2年）、武中（同39〜48年）、
甲南中（同39〜44年）、天保山中（同39〜40年）、鴨池中（同39〜42年）、谷山中（同42〜54年）、
伊敷中（同47〜49、51〜53、60〜62年）、紫原中（同51〜53年）、吉野中（同52〜57年、同61年）、
明和中（同58〜62年）

平成3（1991）年　皇徳寺小（皇徳寺台2丁目・736名）開校。

前年の宮川小は、1427名です。両校の合計児童数が最も多くなるのは、平成7年の2427名で、2000名以上は、平成4〜11年までです。

伊敷ニュータウンの造成に伴い、平成5年に伊敷台小（伊敷台4丁目・522名）が、翌年に伊

敷台中（伊敷台1丁目・785名）が開校です。前年度1325名だった城西中が902名、1141名だった伊敷中が935名です。伊敷台小は同10～15年まで1000名以上、伊敷台中は同7～15年まで800名以上です。同5年に高免小、同9年に改新小休校（同26年3月廃校）です。

平成12（2000）年　開陽高等学校（下伊敷町）開校。

県内初の単位制高校です。下伊敷町にあった西高校の定時制・通信制学科を移しての開校で、同15年には、全日制を新設して、上福元町に移転しました。

平成14年には谷山中と皇徳寺中が、中学校では最後の1000名以上です。

平成16年には、周辺5町の編入があり、学校数も大幅に増えました。

小学校は、吉田町から吉田・本名・宮・本城・牟礼岡小の5校、郡山町から南方・花尾・郡山小の3校、桜島町から桜洲・桜峰小の2校、松元町から松元・東昌・春山・石谷小の4校、喜入町から瀬々串・中名・喜入・前之浜・生見・一倉小の6校の計20校。中学校は、吉田北・吉田南・郡山・桜島・松元・喜入中の6校です。小学校は全部で79校、中学校は39校です。

また、全国89の国立大学が、国の直轄経営から切り離されて、独立行政法人化しました。

平成18年には、中高一貫教育の鹿児島玉龍中・高校誕生です。

平成19年には、特殊教育から特別支援教育に変わります。特別支援教育は、知的遅れのない発達障害も含めて、通常学級に在籍する特別な支援を必要とする児童生徒も対象として、「自立」や「社会参加」に向けた主体的な取組を支援するという視点に立っています。鹿児島大学教育学部附属養護学校が、鹿児島大学教育学部附属特別支援学校に改称しています。

平成20年には吉田小が吉田北中隣に新築移転し、同22年には明桜館高等学校（郡山町　甲陵高校と西高校の再編で、文理科学科と商業科です）が開校し、同23年には、鹿児島盲学校が下伊敷町から上福元町へ移転です。

鹿児島大学の再編については、獣医学科が山口大学との共同学部となりました。同9年3月には教養部が廃止され、同10年には医療技術短期大学部（3年制）が、医学部に新設された保健学科（4年制）に移行していました。法文・教育・理・医・歯・工・農・水産・共同獣医の9学部です。

平成24（2012）年　鹿児島高等特別支援学校（東坂元3丁目）開校。

県内初の高等部だけの学校で、比較的軽い知的障害がある生徒が、社会で自立するための職業教育に重点を置いています。

平成28年5月現在、小学校は、学校数78、学級数1331、児童数3万2702名（平均では1校当たり約419名）です。中学校は、学校数39、学級数522、生徒数1万5953名（同様に約409名）です。1000名以上は、吉野小（1074名）と中山小（1332名）です。

〔主な引用・参考文献〕（50音順）

『あれから十年　鹿児島市戦災録』（本田斉著　昭和30年）
『伊敷村誌』（伊敷村々役場　昭和25年）
『思い出の鴨池動物園（黙遙社　昭和61年）』
『鹿児島開発事業団史　二十八年のあゆみ』（鹿児島開発事業団　平成5年）
『鹿児島県教育史（復刻版）』（鹿児島県教育委員会　昭和51年）
『鹿児島市史Ⅰ』（鹿児島市史編さん委員会　昭和44年）
『鹿児島市史Ⅱ』（鹿児島市史編さん委員会　昭和45年）
『鹿児島市史Ⅲ』（鹿児島市史編さん委員会　昭和46年）（市史Ⅲは資料集で、「鹿児島県地誌」「かごしま案内」等を所収）
『鹿児島市史Ⅳ』（南日本新聞社編さん　平成2年）
『鹿児島市史Ⅴ』（南日本新聞社編集　平成27年）
『かごしま市史こばなし』（木脇栄著　南日本新聞開発センター　昭和51年）
『鹿児島市史跡めぐりガイドブック―五訂版―』（鹿児島市教育委員会　平成28年）
『鹿児島市戦災復興誌』（鹿児島市戦災復興誌編集委員会　昭和57年）
『鹿児島市統計書』（鹿児島市企画部企画調整課）

『鹿児島市の文化財（四訂版）』（鹿児島市教育委員会　平成12年）
『鹿児島市秘話　勝目清回顧録』（勝目清著　南日本新聞社　昭和38年）
『鹿児島市埋蔵文化財発掘調査報告書　鹿児島（鶴丸）城二之丸跡』（鹿児島市教育委員会　１９８４年）
『鹿児島市埋蔵文化財発掘調査報告書　大乗院跡』（鹿児島市教育委員会　１９８５年）
『鹿児島市埋蔵文化財発掘調査報告書　玉里邸跡』（鹿児島市教育委員会　平成16年）
『鹿児島商工会議所百三十年史』（記念誌刊行専門委員会　平成25年）
『鹿児島市立病院史』（鹿児島市立病院史編さん委員会　昭和57年）
『鹿児島大百科事典』（南日本新聞社　昭和56年）
『鹿児島のおいたち』（鹿児島市　昭和30年発行　昭和59年再版）
『鹿児島の近現代』（原口泉・宮下満郎・向山勝貞著　山川出版社　２０１５年）
『鹿児島の路面電車50年』（鹿児島市交通局　昭和53年）
『鹿児島百年　上・中・下』（南日本新聞社編　春苑堂書店出版　昭和42〜44年）
『角川日本地名大辞典　46　鹿児島』（角川書店　昭和58年）
『かごしま文庫　鹿児島の鉄道・百年』（久木田末夫著　春苑堂出版　平成12年）
『かごしま文庫　近代化と鹿児島の建造物』（田良島昭著　春苑堂出版　平成11年）
『かごしま文庫　古地図に見るかごしまの町』（豊増哲雄著　春苑堂出版　平成８年）
『かごしま文庫　桜島大噴火』（橋村健一著　春苑堂出版　平成６年）
『かごしま文庫　薩摩の豪商たち』（高向嘉昭著　春苑堂出版　平成８年）

『かごしま文庫　島津斉彬の挑戦』（尚古集成館著　春苑堂出版　平成14年）
『かごしま文庫　尚古集成館』（田村省三著　春苑堂出版　平成5年）
『九州　地図で読む百年』（平岡昭利編　古今書院　1997年）
『県史46　鹿児島県の歴史』（原口泉他著　山川出版社　2011年第2版）
『郡山郷土史』（郡山郷土史編さん委員会編集　平成18年）
『三国名勝図会』（青潮社版　昭和57年）
『市制百周年記念　鹿児島市100年の記録』（鹿児島市企画部　平成元年）
『重要文化財　旧鹿児島紡績所技師館修理工事報告書』（鹿児島市　昭和54年）
『詳説　日本史B』（山川出版社　2014年）
『城山　自然と歴史が紡ぐ鹿児島のこころ』（読売新聞西部本社　平成5年）
『谷山市誌』（谷山市誌編纂委員会　昭和42年）
『谷山の歴史入門』（麓純雄著　南方新社　2015年）
『西武田村誌』（田上尋常高等小学校　大正4年）
『日本庶民生活史料集成　第九巻　民俗』（三一書房　1969年）
『日本庶民生活史料集成　第十二巻　世相（2）』（三一書房　1971年）（九巻に「鹿児島ぶり」、十二巻に「薩摩見聞記」所収）
『日本歴史地名体系　第47巻　鹿児島県の地名』（平凡社　1998年）
『明治維新史跡マップ』（鹿児島市教育委員会　平成26年）

『明治維新と郷土の人々』（鹿児島県知事公室政策調整課　平成28年）
『わが国における近代小学校の成立過程―鹿児島県の郷校・小学校の研究―』（井原正純著　２０００年）

その他、鹿児島市役所の「市政だより」「かごしま市民のひろば」「市民フォト鹿児島」等を参考にしています。

■著者プロフィール

麓　純雄（ふもと・すみお）

1957年生。鹿児島大学教育学部卒。兵庫教育大学大学院修士課程社会系コース修了。鹿児島市立西谷山小学校校長。鹿児島県小学校社会科教育研究会会長。『奄美の歴史入門』（南方新社）、『谷山の歴史入門』（南方新社）、「『文化』を理解させる伝統産業学習」（『社会科授業研究第４集』明治図書）、「明治維新と我が国の近代化」（『小学校歴史学習の理論と実践』東京書籍）、「子供のよさを生かす社会科学習指導」（『社会系教育の理論と実践』清水書院）等。

鹿児島市の歴史入門

二〇一六年九月二十日　第一刷発行

著　者　麓　純雄
発行者　向原祥隆
発行所　株式会社　南方新社
〒八九二―〇八七三
鹿児島市下田町二九二―一
電話　〇九九―二四八―五四五五
振替口座　〇二〇七〇―三―二七九二九
URL http://www.nanpou.com/
e-mail info@nanpou.com

印刷・製本　株式会社イースト朝日
定価はカバーに表示しています
乱丁・落丁はお取り替えします
ISBN978-4-86124-343-1 C0021